韓国 李明博《イ・ミョンバク》大統領のスピリチュアル・メッセージ

半島の統一と日韓の未来

大川隆法
RYUHO OKAWA

まえがき

本年一月に『北朝鮮―終わりの始まり―』という本を出して、マスコミの度肝《どぎも》を抜いた私だが、本書も、一連の国際情勢のスピリチュアル分析の一つである。

このまえがきを書いている本日、新聞各紙やTVニュース、CNNなどは、昨日、韓国で開かれた世界各国の首脳の、北朝鮮弾道ミサイル発射防止を巡っての外交活動を熱心に報道している。地球の裏側からはオバマ大統領もかけつけて演説し、中国の胡主席とも対談している。韓国の李大統領を中心に今後の世界のあり方が真剣に討議されている。

されど悲しいことに、日本の野田首相の姿はそこになかった。消費税増税論議に埋没して、日程の都合がつかないそうな。韓国に一番近く、最も北のミサイルの脅《きょう》威《い》を感じているはずの日本のために、世界のトップが集まって来ていることが、どうやら分からないらしい。「ジャパン・パッシング」ないし、「ジャパン・ナッシング」である。（昨日深夜に訪韓し、一日遅れて本日やっと合流。無様《ぶざま》である。）

本心は、北朝鮮のミサイル対策の責任を自衛隊にのみ押しつけるつもりだろう。東日本大震災と同じ構図だ。国家としての外交戦略がないのだ。

日本は一体、いつからこんな弱い国になったのだろうか。日本の政治家は、本書から、韓国大統領の強いメッセージを受けとってほしいものだ。

二〇一二年　三月二十七日

幸福《こうふく》の科学《かがく》グループ創始者兼総裁《そうししゃけんそうさい》　大川隆法《おおかわりゅうほう》

韓国　李明博大統領のスピリチュアル・メッセージ　目次

韓国《かんこく》 李《イ》明博《ミョンバク》大統領のスピリチュアル・メッセージ

――半島の統一と日韓の未来――

二〇一二年三月二十二日　李明博守護霊の霊示《れいじ》

1

「霊言現象《れいげん》」とは、あの世の霊存在の言葉を語り下ろす現象のことをいう。これは高度な悟りを開いた者に特有のものであり、「霊媒現象《れいばい》」（トランス状態になって意識を失い、霊が一方的にしゃべる現象）とは異なる。外国人霊の霊言の場合には、霊言現象を行う者の言語中枢《ちゅうすう》から必要な言葉を選び出し、日本語で語ることも可能である。

また、人間の魂《たましい》は原則として六人のグループからなり、あの世に残っている「魂の兄弟」の一人が守護霊《しゅごれい》を務めている。つまり、守護霊は、実は自分自身の魂の一部である。したがって、「守護霊の霊言」とは、いわば本人の潜在《せんざい》意識にアクセスしたものであり、その内容は、その人が潜在意識で考えていること（本心）と考えてよい。

韓国《かんこく》 李明博《イミョンバク》大統領のスピリチュアル・メッセージ

――半島の統一と日韓の未来――

二〇一二年三月二十二日　李明博守護霊の霊示

李明博《イミョンバク》（一九四一〜）

韓国《かんこく》の政治家。日本の大阪《おおさか》市に生まれ、終戦直後、両親らと共に韓国に渡《わた》る。大学卒業後、「現代建設《ヒュンダイ》」に入社、若くして社長や会長へと出世し、中小企業《きぎょう》であった現代建設を韓国のトップ企業に押《お》し上げた。一九九二年に国会議員となり、ソウル市長を経て、二〇〇八年、韓国の大統領に就任した。

質問者　※質問順

黒川白雲《くろかわはくうん》（幸福実現党政調会長）

綾織次郎《あやおりじろう》（「ザ・リバティ」編集長）

［役職は収録時点のもの］

1　韓国の李明博大統領の守護霊を呼ぶ

日本にとって、韓国は「近くて遠い国」

大川隆法　現在、幸福の科学では、外交問題に関し、各国の指導者の守護霊等を呼ぶなどして、いろいろと研究しています。

先日（二〇一二年三月六日）はロシアのプーチン次期大統領の守護霊を呼びました（『ロシア・プーチン新大統領と帝国《ていこく》の未来』〔幸福実現党刊〕参照）。

それから、北朝鮮《きたちょうせん》の指導者の守護霊も呼びましたし（『北朝鮮―終わりの始まり―』〔幸福実現党刊〕参照）、中国の指導者の守護霊も呼びました（『国家社会主義とは何か』〔幸福の科学出版刊〕、『温家宝《おんかほう》守護霊が語る　大中華《だいちゅうか》帝国の野望』『世界皇帝をめざす男』〔いずれも幸福実現党刊〕参照）。

そして、もう一つ、韓国の李明博大統領の守護霊を呼ぶ必要もあるのではないかと思います。「この人の本心は、どうなのか」ということについては、まだ十分に究《きわ》めてはいません。

日本にとって、韓国は「近くて遠い国」であり、難しい国です。日本と韓国は、お互《たが》いに、相手を分かっているようで分からないのです。

去年の十二月ごろから、ソウルの日本大使館前には、従軍慰安婦《いあんふ》として連行された十三歳《さい》の少女の像が設置されています。その像は日本大使館を真っ正面から見据《みす》えており、「どうにかしろ」というような感じで日本を脅《おど》しているように思えます。

これは李明博大統領の選挙対策ではないかと思うのです。「一年以内にある大統領選挙で、反日勢力の票を集めるためにやっているのではないか」と思いますし、また、「政治経済的な方面での評判が下がっているから、やり始めたのかな」とも思います。

北朝鮮で政変が起き、三代目の指導者の時代に入り、情勢が緊迫《きんぱく》してきているので、「李明博氏は、韓国の大統領として、板挟《いたばさ》みの状態になっているのではないか」という印象を受けています。

そういう意味で、彼の本音は、どのへんにあるのか、知りたいところです。

また、「今日、李明博大統領の守護霊の霊言《れいげん》を収録しよう」と思ったのは、今朝《けさ》の新聞を見たからでもあります。

それによると、北朝鮮は、この四月に、「人工衛星の打ち上げ」と称《しょう》して、弾道《だんどう》ミサイルの発射実験を〝なさる〟ようでございます。

韓国も、南部まで、当然、その射程には入ります。韓国の持っているミサイルには短距離《たんきょり》のものが多いので、その射程距離を伸《の》ばすために、韓国はアメリカと話をしたりし始めているようです。

ただ、李明博大統領は、従軍慰安婦問題について、「法律的な問題ではないが、人道上の問題だ」ということを言ってみたりして、非常に〝怪《あや》しい〟あたりにいるような気がします。

李明博大統領は大阪《おおさか》生まれの「立志伝中《りっしでんちゅう》の人」

大川隆法　韓国では、金大中《キムデジュン》大統領と盧武鉉《ノムヒョン》大統領の十年間が左翼《さよく》政権でした。この二人は、見ていて、非常にひ弱な印象を受ける大統領だったと思います。

金大中さんは、日本のホテルグランドパレスに滞在《たいざい》中、拉致《らち》されて行方《ゆくえ》不明になったことがあります。映画を地《じ》で行くような話です。「いつの間にか、連れ出された」という、信じられないようなことがありましたが、その約三十年後、大統領になりました。

盧武鉉さんも、非常に弱い感じがしました。彼は、北朝鮮に対し、「北風と太陽」の寓話《ぐうわ》を引いて太陽政策を推《お》し進めましたが、「すごく甘《あま》く弱い対策をとっているな」と私は感じていました。

一方、二〇〇七年十二月に李明博さんが大統領に当選したときには、「これで、韓国は、まともになるのではないか」という印象を私は持ったのです。

一九九四年に書かれた彼の自伝で、『強者は迂回《うかい》しない』という本があります（韓国では一九九五年、日本では一九九六年に発刊）。このときの彼は、まだ財界のほうで有名な人だったと思いますが、この本を読んだとき、私は、「この人は大統領になるのではないか」とも思ったのです。自伝刊行の十三年後、彼は実際に大統領になりました。

彼は立志伝中《りっしでんちゅう》の人ではあります。一九四一年に大阪《おおさか》で生まれ、戦後、一家で母国である韓国に渡《わた》りました。高校時代には夜学に通い、苦学しながら大学を出て、「現代建設《ヒュンダイ》」という会社に入り、零細《れいさい》だった企業《きぎょう》を韓国のトップ企業にまで押《お》し上げました。韓国でテレビドラマの主人公のモデルになったこともある人です。

ただ、彼の奥《おく》さんは、結婚《けっこん》後、「夜学出身だったとは知らなかった。騙《だま》された」と言っていたそうです。

彼は、大まかな政策については立派な考え方を持っており、それは今の韓国に必要なものではないかと思います。韓国には、こういう大統領が出てくるべきだっただろうと思うのです。

今、任期の残りが一年を切っていますが、北朝鮮の情勢が不安定ななかで、「李明博大統領がまだいる」ということ自体は、韓国にとって、よかったのではないでしょうか。盧武鉉さんや金大中さんでは大変だっただろうと思うのです。

韓国も、アメリカと同じく、今後、変数がどのように出るか、分かりません。

アメリカと日本は民主党政権の誕生によって「左」に寄ったのですが、二〇〇七年の大統領選の結果、韓国は「右」に寄りました。結果的には、こちらのほうが、韓国にとって、よかったのではないかと私は思っています。

日本に対する「何とも言えない悔《くや》しさ」がある韓国

大川隆法　李明博大統領は、クリスチャンであり、資本主義の信奉者《しんぽうしゃ》でもあります。
ただ、日韓《にっかん》の文化的な摩擦《まさつ》の問題については、他の人と同じように、韓国の伝統的な問題を持っているようです。

それについて、「どこまでが本音で、どこまでが建前《たてまえ》なのか。強硬《きょうこう》にそう思っているのか、そうではないのか」ということは分かりませんが、その問題は日本にとって大きな壁《かべ》ではありましょう。

朝鮮半島は地政学的に非常に難しい所です。大国の中国とロシア、それから、日本に囲まれて過ごしてきているので、周囲の国々に非常に翻弄《ほんろう》された歴史を持っているのではないでしょうか。

そのため、国民感情は非常に複雑なのではないかと思います。はっきりとは言えませんが、「何とも言えない悔《くや》しさ」のようなものを持っているのでしょう。

おそらくは、日本が、先の大戦でアメリカに負け、原爆《げんばく》まで落とされたのに、かつての韓国併合《へいごう》のように、アメリカの一州としてアメリカに併合されなかったことが、実は悔しいのだろうと思います。本当は、韓国の人々には、「日本はアメリカに併合されてしまえ」というぐらいの気持ちがあったかもしれません。

また、皇室がまだ残っていることも、おそらく、悔しいのではないでしょうか。

本当は「天皇制ぐらいは倒《たお》れてほしかった」と思っているのかもしれません。

韓国には、そういうところがあります。

韓国だけではなく、中国もそうなのですが、実は、「独立した」といっても、日本との戦争に勝って独立したわけではないところが悔しいわけです。

中国は、終戦の過程で、日本が、占領《せんりょう》した所を一方的に放棄《ほうき》した結果、独立できたのです。

また、韓国も、日本と戦争をして独立したわけではないことが、本当は悔しいのだろうと思います。日韓戦争をし、日本に勝って独立していたら、すっきりするのでしょうが、「日本が勝手に朝鮮半島を放棄してしまったため、結果的に、所属するところがなくなり、独立できてしまった」というようなところがあるのです。それが、たぶん悔しいのではないかと思います。

韓国は、独立後、やや強硬策に転じ、李承晩《イスンマン》大統領のときに、「李承晩《りしょうばん》ライン」というかたちで、「ここからは韓国領」という境界線を勝手に引いてしまいました。

当時の日本は新憲法の下《もと》で甘えている状況《じょうきょう》のときであり、日本の防衛体制、国防体制は十分にできてはいませんでした。

そのころに韓国は勝手に国境ラインを引いてしまいましたが、それによると竹島も韓国側に入ってしまうのです。そのため、竹島の帰属をめぐって、両国間で、いまだに揉《も》めているわけです。

それから、日本の歴史教科書の内容についても、韓国から、いろいろと言われていますが、これについて、反論は当然あるのです。

韓国に生まれ、日本に帰化した呉善花《オソンファ》さんの本を読んでみると、「日本では、教科書が、それぞれ、いろいろな意見を載《の》せたりしているが、韓国や中国では、教科書の内容は、みな、だいたい統一されており、それ以外の言論はありえない」というようなことが書かれています。

したがって、歴史認識の問題については、あちらのほうが一元《いちげん》管理されていて、「それと矛盾《むじゅん》することに対しては怒《おこ》る」という感じになっているところがあるようです。「多元的な考え方ができにくいのかな」と私は思っています。

李明博大統領に北朝鮮《きたちょうせん》問題まで解決する力があるか

大川隆法　李明博さんは政治家なので、表面的には、いろいろなことを述べるでしょうが、「本音は、どのへんにあるか」ということを、今日、彼の守護霊に訊《き》きたいと思います。本人は日本生まれですから、たぶん、日本語でも大丈夫《だいじょうぶ》でしょう。

李明博大統領の代で、韓国は、経済的には、そうとう強くなったのだろうとは思いますが、問われるのは、「彼に、北朝鮮《きたちょうせん》問題まで解決するだけの力があったか、なかったか」というところでしょう。

金大中大統領は、ノーベル平和賞が欲《ほ》しくて、一生懸命《いっしょうけんめい》、北朝鮮に貢《みつ》ぎ物を持っていっていたように見えました。そのため、北朝鮮の指導者のほうが威張《いば》っていて、統一朝鮮の大統領のような感じになっていた面もありました。

今後のアメリカや日本、北朝鮮、中国等について、どのように考えているのか。

韓国自体を、どのようにしたいのか。このへんについて、李明博大統領の守護霊から聞き出すことができれば幸《さいわ》いです。

私自身は、李明博さんについて、それほど悪い印象は持っておらず、「いずれ出てくるべき人だ」と思っていました。彼が大統領になったことは、韓国の人にとってはラッキーだったのではないかと考えています。

ただ、当会は韓国でも長く伝道をしていますが、信者数は、そう大して伸びていません。日韓の文化的な問題は、そうとう根深くて、両国の間には、やはり引っ掛かりがあるように思います。どこかで超《こ》えなければいけない問題がまだあるように思われるのです。

今日、李明博大統領の守護霊を呼んでみますが、それによって、その問題が解決に向かうのか、それとも、もっと問題を深刻化させるのか、私には分かりません。

李明博大統領の守護霊を招霊《しょうれい》する

大川隆法　李明博大統領の守護霊を呼ぶのは初めてです。（黒川に対して）よろしいですか。あなたは物知りだから、大丈夫ですよね。

では、韓国の李明博大統領の守護霊をお呼びしようと思います。

（瞑目《めいもく》し、合掌《がっしょう》する）

韓国大統領、李明博大統領の守護霊よ。どうか、幸福の科学総合本部に降りたまいて、その本心を明かしたまえ。

李明博大統領の守護霊よ。どうか、幸福の科学総合本部に降りたまいて、その本心を明かしたまえ。

切迫する国際情勢のなかで、韓国のあるべき姿や日本に望むことを、お話しください。国際情勢や経済等について、今、どのようにお考えなのでしょうか。できれば、日本の人々のためにも、あるいは他の国の人々のためにも、韓国の意見として、大統領の本心を明らかにしていただきたいと思います。

李明博大統領の守護霊、流れ入《い》る、流れ入る、流れ入る、流れ入る、流れ入る、流れ入る、流れ入る。

（約十五秒間の沈黙《ちんもく》）

2 朝鮮《ちょうせん》の南北分断を、どう感じているか

幸福の科学に関する情報を得ている李明博大統領

李明博守護霊　……。

黒川　李明博大統領の守護霊様でしょうか。

李明博守護霊　……。

黒川　本日は、ようこそ幸福の科学総合本部にお越《こ》しくださいました。

李明博守護霊　う、うーん。うーん？　うーん……。

黒川　ここは、日本の東京にある幸福の科学総合本部でございます。

李明博守護霊　うーん？　うーん……。う、う、うーん……。

黒川　お分かりになりますでしょうか。

李明博守護霊　うーん……。うん？

黒川　今、幸福の科学総合本部にお越しいただいておりますが、李明博大統領の守護霊様に、今後の韓国について、また、日本や世界とのかかわりについて、ご教示いただきたいと思っております。

李明博守護霊　うーん。いや、ちょ、ちょっ、ちょっと待て。何だか、もうひとつ呑《の》み込《こ》めない。どういうことなのかな。

黒川　あなた様は、韓国の李明博大統領を、霊的《れいてき》に指導なさっていると思うのですが……。

李明博守護霊　あ、ああ。ああ。

黒川　幸福の科学の大川隆法総裁が、今、お呼びになられたので、あなた様は、日本の東京にある幸福の科学総合本部にお越しくださったわけです。

李明博守護霊　う、うーん。こ、こ、幸福の科学？

黒川　はい。

李明博守護霊　う、うーん。

黒川　韓国にも当会の支部がございます。

李明博守護霊　うーん。チラッとは聞いているけど、まあ、そんなに大きくない。

黒川　いや、今後、伝道をさせていただきたいと思っております。

李明博守護霊　チラッとは聞いていて、情報は入っているけど、わしに票をそれほど集めてくれるほどの勢力はないかな。

黒川　今後、頑張《がんば》って応援《おうえん》させていただきます（笑）。はい。

南北に引き裂《さ》かれた家族や親族が早く会えるようにしたい

李明博守護霊　う、うーん。それで、それが、どうしたんだよ。

黒川　はい。北朝鮮《きたちょうせん》の〝衛星〟（ミサイル）発射問題等もあり、今、東アジア情勢は非常に緊迫《きんぱく》しております。

李明博守護霊　うん、うん。そうだよ。そう、そう。忙《いそが》しいんだよ。

黒川　はい。本当にお忙しいところをお越しくださり、恐縮《きょうしゅく》なのですが、今日は、「日本やアメリカが、北朝鮮問題に、どのように対処していけばよいのか」ということを、李明博大統領の守護霊様より、ご教示いただきたいと思っております。

李明博守護霊　いや、困ってるのよ、もう。歴代の大統領がなあ。

黒川　そうですね。はい。

李明博守護霊　何十年も。

黒川　はい。

李明博守護霊　これ、分断してくれてさあ。三十八度線？

黒川　はい、はい。

李明博守護霊　もう、いい加減なところでやめてくれたから、ほんと困ってるのね。これ、もう……。

黒川　はい。そうだと思います。

李明博守護霊　決着つけといてくれれば、すっきりしたのに、何だね、これは。そのあと、何十年、これにかかってるのかねえ。

黒川　ええ。ただ、「もう、それほど長くかからないかもしれない」と思います。

李明博守護霊　うーん。

黒川　この「南北に引き裂《さ》かれた民族の悲劇」には、非常に深いものが……。

李明博守護霊　知ってる者が、もう、だいぶ死んでいく時期に入ってきてるからねえ。だから、やっぱり、生きているうちにねえ、引き裂かれた家族や親族等が会えるようにしてやらないといかん。もう死んじゃうよな。

黒川　そうですねえ。

李明博守護霊　もうすぐなあ。だから、ほんとの〝別の国〟になっちゃう。

黒川　そうですね。われわれは、北朝鮮について、今年を「終わりの始まり」にしていきたいと思っておりますし、韓国側が主導するかたちで、統一の方向に進んでいければよいと考えております。

日本は旧宗主国《そうしゅこく》として南北問題の責任を取れ

李明博守護霊　ここは、日本、日本だよな?

黒川　はい。日本です。今は日本にいらっしゃいます。

李明博守護霊　うんうん。あんたら、日本人だな?

黒川　はい。

李明博守護霊　いやあ、三十八度線で南北が分かれたことだって、こんなのまで、韓国人の、けっこうなパーセンテージの人たちはさあ、「日本のせいだ」と思ってるんだよ。これだって、「日本のせいだ」と思ってる。何でも日本のせいなんだよ。

これもそう。「悪いのは日本だ」と思ってる人がいっぱいいる。これに日本は関係ないんだけどな。これは、ほんとは日本のせいじゃないんだけど、「日本のせいだ」と思ってる人が、韓国には、いっぱいいるんだ。

要は、何でも、悪いのは日本なのよ。この考え方には、甘《あま》えも半分はあるんだろうけどさあ。

日本は、宗主国《そうしゅこく》として、いったんは韓国を支配し、指導してた立場にあるんだろうから、「そのあと、投げ出して、逃《に》げた」っちゅう感じかなあ。「そのあと、ちゃんと責任を取らんかった」っちゅうところがあるかな。

大英帝国《ていこく》なんか、いまだに旧植民地の面倒《めんどう》を見とるじゃないか、何だか知らんが。日本は、ちょっと逃げ足が速すぎるんじゃないかな。だから、韓国では、日本に対し、いろいろな不満が出てくるわけよ。

黒川　日本も、元宗主国として、この南北問題の解決に向けて……。

李明博守護霊　いや、日本には責任があるよ。やっぱり、あるよ。責任があるんじゃないか。元日本領なんだろう？

そのあと、独立宣言をしたんだか、しないんだか、分からんようなうちに、いつの間にか、南北に分かれちゃったんだよねえ。そして、いきなり戦争がドンパチ始まっちゃって、南の端《はし》っこまで取られ、国連軍で押《お》し返して戦っているうちに、途《と》中《ちゅう》で休戦しちゃって、そのままなんだよなあ。だから、戦争は終わってないんだよ。

黒川　ええ。

李明博守護霊　まだ戦争中なんだよ、これねえ。「こんなことが何十年も放置される」っていうのは……。

ところが、日本は傍観者《ぼうかんしゃ》を決め込んでるんだよな。これは無責任だよ。そして、自分らは、一生懸命《いっしょうけんめい》、経済の発展だけに邁進《まいしん》した。吉田茂《よしだしげる》からあとの、あの路線は、非常に利己主義的なんじゃないかな。「韓国のことも考えてくれや」っちゅうことだな。

黒川　はい。われわれ幸福実現党としては、外交的努力を通じ、南北問題を解決していきたいと強く思っておりますし、それが日本の平和や東アジアの平和にもつながっていくと考えております。

李明博守護霊　いやあ、でも、君、そう言うけど、北朝鮮は、経済的には、小さくて大したことはないが、核《かく》の開発がほんとに実用化しているレベルまで来たら、それは脅威《きょうい》だからねえ。それだけで、ほんとに降伏《こうふく》しなきゃいけなくなる可能性だって、ないわけじゃないからさ。

黒川　そうですね。

李明博守護霊　いや、日本は責任取れよ。

沖縄《おきなわ》の米軍追い出し運動は、韓国にとって迷惑《めいわく》だ

李明博守護霊　だからさあ、沖縄《おきなわ》なんか、何だ、ありゃあ。米軍追い出し運動なんかやられて、韓国は、いい迷惑《めいわく》してるんだよ。あんなことされて……。

黒川　そうですね。はい。

李明博守護霊　韓国のことを、ちょっとは考えたことがあるのか。

黒川　そうですね。沖縄の米軍は、韓国の安全保障にとって……。

李明博守護霊　うん。そうだよ。あれがなくなったら、もう、北の思うようになっちゃうじゃないか。どうする？　どうするんだ、あれは？　米軍にグアムまで引かれたら、どうなると思う？　こっちは北朝鮮から十分で攻撃《こうげき》されるんだからね、君、言っとくけど。

黒川　はい。そういう意味で、沖縄の米軍基地については、われわれ幸福実現党としても……。

李明博守護霊　いやあ、米軍っちゅうかなあ、アメリカ人のほうが逃げ始めとるんじゃないか。まあ、やられたくないんだろうけどさあ。

ソウルなんか、火の海にできるだろうよ。向こうが先制攻撃をかけりゃあな。そういう意味では、私たちは、首都だってさあ、そんなに盤石《ばんじゃく》じゃないから。時間的にも距離《きょり》的にも、逃げられるものじゃないのでね。
だから、私たちは人質としてアメリカ軍をもっと拘束《こうそく》しておきたい。何かのケージ（おり）にでも入れて、アメリカ兵の家族だけは、絶対に国外に出させないように縛《しば》り付けとかないといけないぐらいでね。見張りを付け、監禁《かんきん》しなきゃいけないぐらいだな。アメリカ軍に逃げられたら、困るんだよ。
あの沖縄がさあ……。何だよ、あれは。ああ？

黒川　はい。

李明博守護霊　君らが責任取れよ。

黒川　われわれは日米同盟を強化して……。

李明博守護霊　うん？　統一国家としてさあ、県ぐらい抑え込めんのか。ああ？

黒川　はい。民主党政権は、「地域主権」ということも言っているため……。

李明博守護霊　なーんだ。

黒川　なかなか抑えられないわけです。

李明博守護霊　情けない。

黒川　われわれ幸福実現党が力を持って、それを解決していきたいと思ってます。

李明博守護霊　うーん。だから、「韓国が迷惑してる」っちゅうのよ、あれ。

綾織　幸福実現党にも、だんだん影響力《えいきょうりょく》が出てきているので、それについても、舵《かじ》取《と》りが……。

李明博守護霊　弱いから、もっと頑張らんか。

綾織　はい。どんどん変わってくると思います。

李明博守護霊　そんな弱い政党じゃ、力にならんわ。

黒川　頑張ります。

3　北朝鮮《きたちょうせん》の金正恩《キムジョンウン》に、どう対処するか

北朝鮮《きたちょうせん》のミサイルを民主党政権は撃《う》ち落とせるのか

綾織　直近《ちょっきん》の問題として、北朝鮮《きたちょうせん》のミサイルの実験がありまず。これは、今年の四月に実施《じっし》することが予告されております。

李明博守護霊　そうなんだよ。もう迫《せま》ってるんだよ。これ（今回の霊言《れいげん》）、本にするのかどうかは知らんけどさ、間に合わんぜ。

綾織　はい。まあ……。

李明博守護霊　ええ？　本が出たころには、もう、どうなってるか、分かんないんだからさあ。

綾織　ぜひ、日本と韓国とが協力しながら、この北朝鮮の問題に対応していきたいと思っております。

李明博守護霊　いや、協力なんて、もう、どうでもええんだよ。「何ができるかを言え」っていうんだよ。協力なんか、どうでもいいんだよ。そんな美辞麗句《びじれいく》は、もう要《い》らない。強者は迂回《うかい》しないんだよ。美辞麗句は要らないから、「何ができるかを早く言え」っていうんだよ、君。ああ？

綾織　ぜひ、韓国としての対応について、本音のところを教えていただき、私どもとしても、それに歩調を合わせていきたいと思っています。

李明博守護霊　「韓国としての対応」って言うが、いや、そんなものは君らに関係ないことであってねえ、俺《おれ》に関係があるのは、「君らにできることは何か」っちゅうことなんだよ。それだったら、日本に来たかいがあるけどさあ、韓国の対応を聴《き》きたいんだったら、君らが韓国に来りゃいいいんだよ。ええ？　そうだろうが。な？

綾織　私たちとしても、できるかぎりの……。

李明博守護霊　順序としては、そうだろ？　俺を呼んだ以上、君らが「何ができるか」を、ちゃんと〝御奉納《ごほうのう》〟しなきゃいけないんじゃないかあ？　ええ？　それが宗教だろうが。うん？

綾織　もちろん、北朝鮮のミサイル発射を何とか抑止《よくし》するために、こちらとしても……。

李明博守護霊　何？　沖縄《おきなわ》？　うん？　石垣島《いしがきじま》？

綾織　そうですね、あの……。

李明博守護霊　「撃《う》ち落とす」とか言ってた。

綾織　「沖縄本島や石垣島等から迎撃《げいげき》ミサイルを発射する」と、民主党政権であっても言っております。

李明博守護霊　外すんじゃねえぞ。外したら、大恥《おおはじ》だからなあ。「撃ち落とす」なんて言ってるけど、ほんまに民主党政権で撃ち落とせるのかあ？

綾織　そのへんも、しっかりと……。

李明博守護霊　やっぱり、判断が遅《おく》れ、もう着水し、爆発《ばくはつ》してから、「撃ち落とす予定であったが、首相が寝《ね》ておったために、指示が出なかった」とか、そんなところじゃないのか。

綾織　そのへんも、しっかりと改めていきたいと思います。

李明博守護霊　向こうは「日中に撃つ」と言ってるけど、ほんまかどうか、分からんで。ああいう国はねえ、君、信じちゃいかんからさあ。寝込《ねこ》みを襲《おそ》って撃つことだってあるから。みんなで「撃ち落とそう」と思って待ってるんだったら、わざわざ、撃ち落とされるときに撃つばかはいないだろうよ。だから、見えない夜に撃つに決まってるじゃないか。

黒川　はい。政府に毅然《きぜん》とした対応を求めてまいりたいと思います。

李明博守護霊　うーん。

日本には「コンニャクみたいな総理」ばかり続いている

黒川　二〇〇九年の四月に北朝鮮がミサイルを撃ったあと、李明博大統領は、それに対抗して同年八月に人工衛星搭載《とうさい》ロケットを打ち上げられましたが、その毅然たる態度を、大川総裁は非常に評価されていました。

李明博守護霊　うん。いやあ、日本人で生まれなかったのが残念だよ。

黒川　そうですか。

李明博守護霊　私のような人間がいたら、日本には、もっと力があるけど、ほんとに、「コンニャクみたいな総理」ばっかり続いてくるからさあ、情けないわな。

黒川　ええ。

李明博守護霊　「根性《こんじょう》、入っとらんのか」っちゅうことだ。

黒川　李明博大統領のような、毅然とした政治家になってまいりたいと思っています。はい。

李明博守護霊　もうちょっと立派な政治家を持つようにしないといかんわなあ。

金正恩《キムジョンウン》の〝子供の火遊び〟を、どこでやめさせるか

綾織　北朝鮮では、昨年末に金正恩《キムジョンウン》が後継者《こうけいしゃ》になりました。

李明博守護霊　ああ、ああ。

綾織　韓国とアメリカは、かなり情報交換《こうかん》をして、「この金正恩体制に、どう対処していくか」という話をされていると思うのですが、その部分について、おそらく、日本には、若干《じゃっかん》、蚊帳《かや》の外に置かれているようなところがあると思われます。

李明博守護霊　うーん。

綾織　そこで、「どうやって、この金正恩体制に対処していくか」ということに関

し、ぜひ、今の段階での本音をお伺《うかが》いできればと思います。

李明博守護霊　向こうは「強盛大国《きょうせいたいこく》」とか言うておるからさあ、三代目に能力のあるところを見せようとするのは確実だろうね。

だから、四月に「衛星」と称《しょう》して発射するけど、それで終わるとは思っていない。何か、まだ考えているものがあるだろうし、軍事行動では、ほかの国の意表を突《つ》くようなことをして、人気を取りたいだろうからね。「また何かを沈《しず》めてやろう」と思ってるかもしれないし、不意の砲撃《ほうげき》をしかけるつもりかもしれない。そういうことばっかりやってるだろ？

黒川　はい。

李明博守護霊　そういうことは、だいたい全部、金正恩の仕事だからさ。砲撃事件もあったし、それから、哨戒艦《しょうかいかん》の撃沈《げきちん》事件もあったし、親父《おやじ》（金正日《キムジョンイル》）が死んだときにもミサイルを撃ちよった。

あの思考パターンから見ればさあ、やっぱり、ほかの国が予想してないことをして、「ざまあ見ろ」と喜ぶタイプであることは間違《まちが》いない。

だから、「この子供の火遊びみたいなものを、どこでやめさせるか」っちゅうことだわな。

うーん。だから、とりあえず、今日の段階で出ているのは、「北朝鮮の弾道《だんどう》ミサイルに対抗《たいこう》するために、うちのミサイルの長距離化《ちょうきょりか》を図《はか》る」というようなことだな。こちらは防衛的なものを中心に考えてはいたけど、「攻撃《こうげき》だってできるところをお見せしたい」っていうことかな。

向こうの核《かく》ミサイル基地はさあ、非常に攻撃されにくい位置につくってあるんだ。反対側からでないかぎり、攻撃できないような所に、よく、つくられてる。だから、「基地が中国との国境に近いあたりにあったって、それを攻撃できるようにしなきゃいけない」とは思ってるんだけどね。

「やられっぱなし」では済《す》まないよ。目に物見《ものみ》せてやるつもりではおるけどな。北朝鮮《きたちょうせん》を兵糧《ひょうろう》攻《ぜ》めにしたら、一般《いっぱん》国民から死んでいく

綾織　アメリカ政府の表面的な動きを見ると、先の米朝合意のように、アメリカは、「北朝鮮《きたちょうせん》に食糧《しょくりょう》支援《しえん》をし、その代わり、ミサイル発射実験などの自粛《じしゅく》を求める」ということをしているわけですが……。

李明博守護霊　ああいうのを、いったい何回やってるんだろうなあ。何かの見返りみたいなことをなあ。

綾織　はい。

李明博守護霊　向こうは、それで脅《おど》してるんだろ？「何か食糧をくれれば、ちょっと動きを止《と》める」とか言っては、その約束を破る。また支援を取っては、やっぱり約束を破る。こういうやり方だな。「せびり型」っていうかなあ。

綾織　アメリカとしては、イランの問題もあるので……。

李明博守護霊　ああ。

綾織　そちらに、やや意識を取られていて、北朝鮮に対しては、「ちょっと、おとなしくしていてくれ」というようなかたちで、食糧支援をしているのではないかとも言えるのですが。

李明博守護霊　うーん。そりゃ、もう、向こうは、いろいろと計算済みだろうけどさあ、食糧支援を依頼《いらい》するような国が、弾道ミサイルを撃つとかいうのは、「ええ加減にしろ」っていうところだよねえ。もう、降伏《こうふく》しなきゃいけない状態だわな、ほんとは。国家としての破産宣言をしなきゃいけないよな。

ただ、国民が人質に取られてるからさあ、兵糧攻《ひょうろうぜ》めにしたら、死ぬのは国民のほうで、政府の高官や軍部の人たちは死なないからね。一般《いっぱん》国民のほうから死んでいくからさあ。

だから、人道的な意味で見ると、そう簡単には締《し》め上げをできないところがあるんでな。軍人のほうから死ぬんだったら、やれるけど、軍人と政府の政治家系は、食糧を締められても死なないからね。一般の貧しい人たちのほうから死んでいくから、その意味では、兵糧攻めがしにくい状況《じょうきょう》なんだよ。

向こうは、それを分かってるからね。向こうには人道主義が全然ないからさあ。それでアメリカも弱腰《よわごし》になって、ちょこちょこ食糧などを出したがるんでなあ。しかも、民主党政権だから、そのへんには弱いからね。そういう人道政策に、とても弱いのでねえ。

うーん。ただ、そういう小技《こわざ》の交渉《こうしょう》は、ほどほどにしないといかんと思うな。

同じ日に、こちらもミサイルの実験をすればよい

李明博守護霊　「向こうが人工衛星を打ち上げる」っちゅうときには、こちらも、やっぱり、金正恩の居場所に向かって、スカッドミサイルが当たるかどうかの実験をしたらいいんじゃないかねえ。

北朝鮮のミサイル発射と同じ日にやったらいいと思うよ。相撃ちじゃないか。ね？　文句《もんく》の言いようがないわ。向こうも実験するようだから、こっちも実験してみたい。「ちゃんと当たるかどうか」ということをね。

あとは、「バンカーバスター」っていう、地下まで撃ち抜《ぬ》く爆弾があるからさあ、あれが、どの程度、有効かどうか、実験したらいい。

どうせ地下基地をつくってるのは分かってるからさ。地下に待避壕《たいひごう》をつくってる

に決まってる。地上にいたら、やられるので、地下に入るはずだから、「それをどこまで撃ち抜けるか」の実験は、しといたほうがいいんじゃないかな。

同じ日にやったらいいんだよ。それで、すっきりするわ。「やられたら、同じ日に、やり返す」っていうことかな。

軍事行動の際のリスクを計算しているアメリカ

綾織　そうした米朝協議の一方で、米軍は、それなりに有事の準備をしているとも言われ、軍事演習の予定もしているとのことですが、米韓で、実際に軍事行動を起こすことも視野に入れているのでしょうか。

李明博守護霊　うーん。いや、それはねえ、まあ、「米韓」ということで、韓国を含《ふく》めてもいいけども、北朝鮮と戦争になったら、米軍だけでも負けるはずがないのは、もう分かっているのよ。

戦争になれば確実に勝つのは分かってるんだけど、その場合の被害《ひがい》程度も計算してるからね。戦車で攻められても、ソウルまでは一時間以内で制圧できるぐらいの距離だし、あちらの大砲が旧式であろうと何であろうと、弾《たま》は届きますからねえ。

だから、こちらの攻撃のかけ方が不十分であれば、向こうの大砲が一斉《いっせい》射撃をし、戦車隊が三十八度線を突破《とっぱ》して、ソウルに攻め込んでくるかもしれない。その場合の被害を想定すると、最低三万人から十万人ぐらいは死ぬ可能性があるんで、それだけのリスクを冒《おか》すかどうかだね。

要するに、「『万単位の人が死ぬ』というリスクを冒しても、戦争の勝利、終結に持っていくかどうか」っていうことと、戦争の仕方が下手《へた》であれば、中国とか、ほかのところまで巻き込む可能性があるので、その意味での「大きな国家戦略」を持ってなきゃいかんからさあ。

あそこの国だけだったら、〝料理〟するのは簡単さ。だけど、中国やロシアの動きも計算されなきゃいけないんでね。そこまで行くと、国際世論《せろん》的にも十分に納得《なっとく》する大義があって、それで〝片付ける〟のならいいけど、そうでないのにやると、ベトナム戦争風に非難される可能性があるからねえ。

そこのところが問題だね。今のところ、戦争で負ける心配はないけども、「被害がどのぐらい出るか」っちゅうことはある。そらあ、戦争の〝言いがかり〟をつけるやり方は、アメリカの〝パールハーバー〟と同じだからさ。

向こうが海に落とすつもりで撃ったミサイルが、韓国のどこかに着弾して、村一つぐらいでも、多少は燃えてくれたほうが、戦争の言いがかりとしてはものすごくいいし、米国籍《べいこくせき》の船にでも当たってくれれば、言いがかりとしてはさらにいい。だけど、向こうの先制攻撃を許したら、一定の被害は出るからね。

オバマさんがリーダーをやってるアメリカでは、先制攻撃型の軍事行動はなかなか取りにくい面があって、攻撃するには、先に一定の被害が出ていなければいけない。このへんを、今、ＣＩＡとかいろんな情報関連のところで計算をしてるところだろうな。

日米韓とも政権不安定で難しい時期に入っている

黒川　それでは、やはり、「米国と協議しながら、半島統一に向けてのシミュレーション、計画は進められている」ということでしょうか。

李明博守護霊　うん。いや、まあ、そのなかに、日本もいちおう入ってはいるはずなんだけど、そんなにあてにはしてないので、とりあえずは、「共同戦線に加わる」という姿勢を見せてくれるかどうかだけかな。

黒川　あるいは、後方支援とか……。

李明博守護霊　ああ。また、「日本の領土内に着弾するときだけ撃ち落とす」とか、そういう〝あれ〟なんでしょ？　どうせ、「できたら飛び越《こ》えてほしい」とか、祈《いの》ってるんだろう？　これが日本政府のあり方だよな。

黒川　現状では、憲法九条があるために、なかなか……。

李明博守護霊　ねえ。「日本の国土に落ちるなら撃ち落とせるが、飛び越すなら撃ち落とせない。だから、飛び越してくれたらいいな」って、たぶん、そのぐらいのことを思ってるんじゃないの？　きっと、日本政府は、「ベトナムとか、南のフィリピンとか、そちらの国のほうまで飛んでいってくれたらいいな」って思ってるよ。私たちからの信用度はそんなもんだ。うん。

綾織　今、北朝鮮は金正恩体制に変わったばかりですが、国内の体制には、まだまだ不安定なところがあると思うのです。これは、「まだ最高司令官だけしかポストに就《つ》いていない」ということや、「いろいろな派閥《はばつ》あるいはグループが拮抗《きっこう》している状態にある」ということも背景にはあります。

　そのように、非常に不安定な状況ですので、「もし、アメリカなり韓国なりが行動を起こすとしたら、早いほうがよい」という分析《ぶんせき》もあると思うのですが。


李明博守護霊　うーん。いや、アメリカは大統領選だから、北にとっては都合《つごう》のいい状況だね。まあ、中国にとってもそうかもしらんけども、大統領選だから、アメリカは本格的に動けないからねえ。

　オバマさんならオバマさんで、続投がもうはっきり見えるなら、彼の決断でやれるけどね。向こう四年やれるから、いいんだけど、今のところ、共和党のほうがまとまりきれず、オバマさん続投の線が強くなってきているから、オバマさんの判断にかかってくるとは思うね。

　まあ、オバマさんにはちょっと優柔不断《ゆうじゅうふだん》なところがあるので、そのへんはヒラリー・クリントンが判断していると思われるけども、いちおう選挙対策もあって、強《きょう》硬《こう》路線をとっているとは思うんだよね。

ただ、予算もそうとうかかるから、戦争が泥沼《どろぬま》化するのは嫌《いや》なのよ。瞬間《しゅんかん》的に終わるならいいんだけど、泥沼化するのは嫌で、ほんと言やあね、アメリカの余ってる核兵器を落とすのが、経済的にはいちばん楽なんだけど、そらあ、なかなかそう簡単にいかないところがあるんでね。

それで、通常戦争をやって、「海兵隊が行って攻める」となったら、当然ながら、人的被害が出るからね。アメリカにも、ベトナムからイラクから、いろんな所で身内が死んで、泣いている家族が多いからさ、やはり、できるだけそれを避《さ》けたい感じだなあ。

だから、おそらくは、ミサイルないし無人機といった武器でもって、人的被害が出ない戦い方をするだろうとは思うけど、その大義のつくり方の部分を、今、工作してるところだね。金正恩の知能を読んで、その行動を予測して、やっているところだ。

それと、「どこまで動くか」っていうことでは、もう一つ、日本への信頼の問題があるなあ。

今回、三人目（の総理）は野田さんか？　「親父が自衛官だった」ということで、比較的《ひかく》、軍事的な方面では、前の二人に比べれば、若干《じゃっかん》、動きがいいので、これについては共同歩調をとってるように見せられるかもしれないとは思うけども、政治的な安定度が悪いんでね。今回の増税問題も絡《から》めて、非常に不安定だ。

いつ解散になるかも分からないような状況が続いていて、政局はアメリカ、日本とも安定してないし、私も任期が切れるからね。だから、向こうにとっては、ちょっと暴《あば》れがいのある年ですね。うーん。

革命を起こす力も残っていない北朝鮮《きたちょうせん》の民衆

綾織　北朝鮮《きたちょうせん》の内部で、内紛《ないふん》のようなかたちになって崩壊《ほうかい》する可能性は、今のところは「ない」と考えてよいのでしょうか。

李明博守護霊　ま、粛清《しゅくせい》は、もう始めているようだから。いろんな理由をつけて、殺し始めてはいるようだな。まあ、当然やるだろうけどねえ。親父（金正日）の代に忠誠を尽《つ》くしていて、自分には忠誠を尽くしてない連中？　今、これに踏《ふ》み絵を踏ませてると思う。自分に対する忠誠心がないやつは殺していくであろうから、内部では粛清が始まっていると思う。それで、身に危険を感じるやつは逃《に》げ始めるだろうから、内紛は起きると思うけども……。うーん、どうかね。

まあ、「国家の崩壊」が引っ掛《か》かってるからねえ。それを起こさないために、強気の姿勢でミサイルを打ち上げようとしたりするわけでね。「〝人工衛星〟を打ち上げる」と言っておいて、「アメリカが圧力をかけてきたから打ち上げ中止」というようなことをすると、弱いと見られて、やられる可能性があるからねえ。

あの性格と若さから見ると、強気で来るはずだから、「撃ち落とす」と言われると、撃ち落とせないようなときに撃ってくるだろう。「一日繰《く》り上げて撃ってくる」

とか、いろいろやりかねないかなあ。

黒川　われわれとしては、「二〇一二年が『北朝鮮の終わりの始まり』の年になる」と見ているのですが、北朝鮮が崩壊するとしたら、どのあたりが糸口となると見ておられますでしょうか。

李明博守護霊　うーん……。（約五秒間の沈黙《ちんもく》）

ほんとは、「革命が起きなければおかしい状況」なんだけどね。ほんとは革命が起きなければおかしい状況なんだけども、富が圧倒《あっとう》的に軍部中心で配分されていて、軍部のほうには食料や財産的な保護が厚く、一般の人たちには食べ物も飲み物もお金もないため、「革命を起こす力」が出てこないんだよなあ。革命を煽《あお》っても、あっという間に殺されてしまう状況なのでね。やられちゃうんだよ。

だから、いろいろ試《こころ》みてはいるんだけど、やっぱり厳しい感じがあるので、おそらくは、ウサマ・ビン・ラディンと同じ手法を使うんではないかと思うけどね。たぶん、彼らが潜《ひそ》んでいる所を狙《ねら》って、集中攻撃するスタイルを使うんではないかなあ。

黒川　分かりました。

中国は「北朝鮮《きたちょうせん》の属領化」を狙《ねら》っている？

黒川　あとは、もし、「北朝鮮《きたちょうせん》が崩壊した場合」についてですが、南北朝鮮の経済格差は東西ドイツよりもはるかに大きく、「現在の格差は約四十倍」と言われています。それを韓国は受け入れて統一していけると見ておられますでしょうか。

李明博守護霊　うーん。まあ、向こうも豊かにする案は、私もいちおうつくって出してはいますけどね。ええ。北朝鮮も三千ドルぐらいの年収になるような案（核開発の放棄《ほうき》、開放政策への転換を条件に、北朝鮮への経済支援を行う「非核・開放3

000」構想）を提示してはおります。

ただ、韓国・北朝鮮だけの問題になるかどうかは分からないのでね。鴨緑江《おうりょくこう》の向こうには、すでに中国軍がだいぶ集結しているから、何かあったときに、あれが一気に南下した場合には、ちょっと、うちの手でやれるかどうかが分からない。中国に属領化されてしまうおそれもないわけではないから、またしても、元の朝鮮戦争に戻《もど》っていく可能性はあるねえ。

黒川　中国の次期国家主席の習近平《しゅうきんぺい》という方は、「チンギス・ハンの生まれ変わりである」（『世界皇帝《こうてい》をめざす男』参照）と言われていますが。

李明博守護霊　うん。これ、すごく強気なので、早くも、日本にも喧嘩《けんか》売りまくってるよ。

黒川　そうですね、はい。

李明博守護霊　うーん。すごく強気なので、自分のほうの陣営《じんえい》に属する国があっさりと取られるようなことを放置するかどうかには、疑問がありますねえ。

黒川　むしろ、韓半島の「赤化統一《せっかとういつ》」も眼中に入れている可能性があります。

李明博守護霊　だから、「北のほうの政治的混乱を防ぐために、一時的に人民解放軍を入れる」とか称して、一気に南まで狙《ねら》われたら、たまらないからねえ。

今のアメリカだったら、「中国とも戦えるかどうか」っていうところまでは判断できない可能性があるし、国連だって、「国連軍を出せるかどうか」は、ちょっと疑問だねえ。

日本には「軍備強化」よりも「経済支援《しえん》」を望みたい

李明博守護霊　そのとき、日本はどうするかっていうと、おそらく、韓半島の南端《なんたん》が占領《せんりょう》されるまで、ジーッと見てるだろうね。

黒川　今の民主党政権だったら、そうなるかとは思いますが、われわれとしては、憲法九条改正を含めた日本の国防強化、東アジアの平和と安定までを視野に入れていきたいと考えています。韓国としては、日本が国防を強化していくことに対し、どのようにお考えでしょうか。

李明博守護霊　難しい。感情的には難しいと思う。

北の攻撃からの政情不安を考えると、同盟関係的に言えば、ある程度、あったほうがいいけど、強くなりすぎて、逆にまた、（韓半島を）取りに来られたら困るし、そのへんは信用できてないのでねえ。その両方があるから、うーん、微妙《びみょう》なあたりかなあ。

黒川　そうですか。

李明博守護霊　だから、どっちかと言えば、日本には、もし北とうちが統一レベルに入ったときに、お金と食料等をしっかり援助《えんじょ》くださって、日本の会社が、道路や、橋や、あるいは水力発電など、いろんなインフラをつくるのに協力してくれるような感じのほうがありがたいですねえ。

黒川　そうすると、例えば、「日本が核武装する」ということになると、やはり韓国としては非常に難しいでしょうか。

李明博守護霊　それはまずいんじゃないですか。うーん。それだと、北朝鮮にギリギリまで核開発を進めさせておいて、発射できるようにした段階で吸収するようにしないといけなくなるわねえ。（北朝鮮を）早く潰《つぶ》しすぎると、今度は韓半島の防衛が危険になるからねえ。

黒川　「非常に複雑な状況にある」ということですね。

李明博守護霊　うん。複雑。複雑ですよ。

黒川　はい、分かりました。

公開霊言シリーズ

孫文のスピリチュアル・メッセージ
革命の父が語る中国民主化の理想

敬虔な「クリスチャン」であり、中国や台湾で「国父」として尊敬される孫文は、「自由な中国」を願っている。 1,365円

北朝鮮—終わりの始まり— 霊的真実の衝撃

誰も知りえない事実を独占スクープ! 自らの死にいまだ気づかぬ金正日の霊と、後継者・金正恩の守護霊は何を語ったのか?【幸福実現党発刊】1,365円

守護霊インタヴュー ロシア・プーチン 新大統領と帝国の未来

中国が覇権主義を拡大させるなかで、ロシアはどんな国家戦略をとるのか!? 日本の未来にも多大な影響を与えるロシア大統領の本心に迫る。 【幸福実現党発刊】1,365円

ネクスト・プレジデントII
守護霊インタヴュー ミット・ロムニーvs.リック・サントラム

明らかになった、米大統領選候補者たちのアジア戦略! 自主防衛なき日本に未来はあるのか!? 【幸福実現党 発刊】1,575円

ネクスト・プレジデント
ニュート・ギングリッチへのスピリチュアル・インタヴュー

米大統領選の候補者、ギングリッチの守護霊インタヴュー。中国の軍拡と野望を阻止する「アジア戦略」が明らかに。【幸福実現党 発刊】1,365円

財務省のスピリチュアル診断
増税論は正義かそれとも悪徳か

安住淳財務大臣、勝栄二郎財務次官への守護霊インタヴュー。マスコミを見方につけ、民主党に政権をとらせて増税する——。それが財務省のシナリオだった! 【幸福実現党発刊】1,470円

日銀総裁とのスピリチュアル対話
「通貨の番人」の正体

日本経済を成長させない日銀とは何なのか。金融政策の責任者・白川方明日銀総裁の本心を明らかにする。【幸福実現党発刊】1,470円

もしケインズなら日本経済をどうするか
日本を復活させる21世紀の経済学

日本が直面する財政・年金危機、超円高、TPP問題、震災復興——。経済政策の次の一手が明らかに。 【幸福実現党発刊】1,470円

天照大神のお怒りについて
緊急神示 信仰なき日本人への警告

東日本大震災に続く天変地異の予兆。はたして日本の運命は? 日本の主宰神・天照大神が緊急降臨し、重大な警告を発せられた。1,365円

4　左傾化《さけいか》する世界潮流に、どう対抗《たいこう》するか

ロシアは北朝鮮《きたちょうせん》に何も期待していないだろう

黒川　ロシアの新大統領がプーチン氏になりましたが、こちらとの関係については、どのようにお考えでしょうか。

李明博守護霊　いや、まあ、ロシアも、うちとは経済的な面での協力関係を推進しようと考えてると思うよ。

ただ、北については、今までの経緯《けいい》もあるんで、難しいところはあるけれども、ロシアが北に期待することはないでしょうね。ほぼ何も期待はしてないと思う。北との関係を強化して、別にいいことがあるとは思っていないだろうね。たぶん、

「〝交渉《こうしょう》カード〟として使える余地があるかどうか」でしか見てないだろうなあ。

黒川　今回は、ロシアも北朝鮮《きたちょうせん》のミサイル発射への懸念《けねん》を表明しましたが、やはり、韓国・日本・アメリカ・ロシア等で北朝鮮包囲網《ほういもう》を築いていくのが大事かと思います。

国益を考えられない日本国民は「無学文盲《むがくもんもう》」に見える

李明博守護霊　まあ、ほんとは、「日本が右傾化《うけいか》すること」がいちばん怖《こわ》いだろうとは思うけどね。ええ。

日本の国民って、ばかだよね。イランがホルムズ海峡《かいきょう》で紛争《ふんそう》を起こしそうで、石油が手に入らなくなるかもしれないっていうのに、「原発反対」で原子力発電を止《と》めようとしてるんでしょ？　まあ、私たちから見れば、非常に、何というか、「無《む》学文盲《がくもんもう》」に見えちゃう。要するに、「国益というものをまったく考えられない人たちなのかな」ってね。

綾織　日本はそういう政権を持ってしまったので、私たちも何とかそれを変えていこうとしているところなのですが、一方で、韓国のほうでも、この四月に総選挙がありますし、十二月には大統領選挙もあります。

これまで、李明博大統領の路線では、経済的にも軍事的にも、たいへんよい流れができていたものが、次の選挙では、今のところ、「左翼《さよく》的な考え方の野党が有利ではないか」とされ、その路線が引っ繰《く》り返されてしまうと見られています。

このへんは、日本にとっても非常に心配なところですので、「これは何とかしなければいけない」と思っていますが、いかがでしょうか。

李明博守護霊　まあ、左翼の発生原因は、ほとんどが「被害者意識《ひがいしゃいしき》」なんだよなあ。歴史的な被害者意識から出てるものが多いんでなあ。

だから、私としては、この国を強者に変えたいんだけどねえ。

韓国は基本的に「人のせいにする国」

李明博守護霊　ただ、うーん……。私も、若干《じゃっかん》、年を取ったかなあ。もうちょっとだけ若ければ、「北朝鮮まで攻《せ》め取る」ぐらいの気持ちはあったんだけど、十歳《さい》ほど年を取りすぎたかなあ。あと十歳若ければ、自分の手で、北朝鮮の統合までしてみたい感じはあるんだがなあ。

黒川　次の大統領も保守のセヌリ党（旧ハンナラ党）であれば、李大統領の思いを継承《けいしょう》することもできると思うのですが、左派が勝つ可能性が強いとも言われております。

李明博守護霊　いや、韓国も、日本のことばっかり責められなくて、もともと「いい加減な国」なんだよ。もう何が言いたいのか分からないような国なんだよ。とにかく、あちこちに向かって被害ばっかり訴《うった》えてるような国だから、まあ、あなたがたの得意の言葉で言やあ、基本的には「人のせいにする国」なんだよ。基本的にはそういうことなんでね。

私なんかは、比較《ひかく》的、自力で道を拓《ひら》いていく、強国をつくっていくほうの筋だけどもね。

それに、北のほうは幻想《げんそう》を持ってるから、金正恩《キムジョンウン》は〝広開土王《こうかいどおう》〟（高句麗《こうくり》の最盛期をつくった王）か何かの気分でいらっしゃるんだろ？　だから、たぶん、あっちこそ、「自分が南まで統合して大統領になる」という気でいるんだろうからさあ。

これをどうにかしなきゃいけないのは間違《まちが》いないけど、そこに踏《ふ》み切る人には勇気が要《い》るわな。被害状況《じょうきょう》とか政治的な逆風とか、いろいろなことを全部計算して、総合的に判断した上で踏み切らなきゃいけないわな。

それに、今、アメリカのほうも、「軍事予算の縮小」と「米軍の撤退《てったい》」という両方の流れが出てきてるから、あんまりいい潮目《しおめ》じゃないね。大統領選でも、「共和党が勝つとは言えないのではないか」っていう感じがちょっと強くなってきてるからねえ。

民衆っちゅうのは、不満が出ると、反対のほうに票を入れるからね。私の国も、経済的には躍進《やくしん》して、ある程度まで強くなったんだけど、もう一歩、行きかねているところかねえ。

綾織　李大統領は、経済政策においては「自由主義」路線で、輸出振興《しんこう》をされてきたわけですけれども、今、日本の小泉政権後と同じように、〝格差〟批判が出てきていきます。やはり、左翼勢力の側からは、「福祉《ふくし》」を求める声が出てきているようですが。

李明博守護霊　今、世界的に、ちょっとそういう気《け》が強いんでね。

人類っていうのは、やっぱり、怠け者が多いんだよ。「一生懸命《いっしょうけんめい》、汗《あせ》を流して働く」っちゅう人は少ないんだよ。うん。「怠《なま》けて、金をもらう」というほうが、基本的には好きな人が多いんではないか。基本的にはそうなんだよな。うん。

俺《おれ》が日本の首相なら「GDPナンバー2《ツー》復活」を宣言する

綾織　北朝鮮の問題もありますが、来年以降、韓国が本当に左傾化していった場合には、やはり、中国が〝朝鮮半島を呑《の》み込《こ》む〟ようなかたちになっていってしまうと思います。

李明博守護霊　中国かあ……。中国の問題まで入ってくると、ちょっと、私も、もう考え方がまとめられないね。

「人口十三億の大国」で、「世界二位のGDP」を持ち、「対アメリカ戦略を立てて、世界の支配に乗り出そうとしている」っていうことになりますと、韓半島、朝鮮半島の南の所だけで頑張《がんば》ってるわれわれとしては、やっぱり、これはもう厳しいものがありますねえ。

綾織　本当であれば、李大統領の任期中の五年間に、日本・ロシア・台湾《たいわん》など、トータルで中国包囲網ができれば、いちばんよかったのですが、今のところ、それを実現し切れていないのは非常に残念です。

李明博守護霊　まあ、でも、包囲網みたいなものも、ある意味での〝弱さ〟の表れだから、日本は日本で考えなきゃいけないよ。

いや、俺《おれ》みたいな人間が、日本の首相として出てきたらさあ、きっと、「ＧＤＰナンバー2《ツー》を取り返す」って宣言して取り組むだろうさ。

おたくも、ちょっとは言ったらどうだい？

黒川　まさに、われわれは、そういうかたちで、「『新・高度経済成長』と『GDP世界一』を目指す」という目標を掲《かか》げております。

李明博守護霊　世界一を目指す？　ああ、それは大したもんだ。頑張りたまえ。だから、日本人からは信じられないのかもしれないけどもね。

黒川　いえいえ。ただ、李明博大統領の下《もと》、韓国の経済成長率は去年も三・六パーセントと成長が続いており、日本もトップのリーダーシップ一つにかかっていると思っております。

アメリカの退潮は変えられそうにない

李明博守護霊　アメリカの退潮自体は、今のところ、スッと変えられそうもないね。アメリカに、それを救えるほどの人がいるようには見えないので、まあ、おたくの国はおたくの国で、何とかしないといかんわなあ。人材の不足は、どこの国も一緒《いっしょ》のようだな。

日本の民主党政権は、どなたも、そう大したことはなさそうだし、〝たらい回し〟っていうやつだろ?

アメリカも、ロムニーがちょっと頑張ってるけど、国民の期待は、ほとんど、「また景気をよくしてくれるんじゃないか」という、この一点だろうね。もうちょっと金が儲《もう》かるようにしてくれるかどうか、これだけしか考えてないのでね。それ以外については、ほとんど考えていない状況だな。

オバマさんが「格差の是正《ぜせい》をする」と言いながら、結局、みんなが貧しくなる方向に行きつつあるからねえ。最近も、「本来のアメリカ的な方向に流れを戻《もど》したい」という方針を発表してはいるけど、選挙としては苦戦だな。

綾織　日本は、今は、もう〝底〟の状態ですので、これから右傾化というか、よりよい方向に行く努力をしていきたいと思っています。

5 日韓《にっかん》の歴史問題を、どう解決するか

慰安婦《いあんふ》問題と教科書は〝ライオン〟を調教する鞭《むち》だ

綾織　そうなると、先ほどの国防問題のなかでも出てきましたが、ある程度、韓国との軋轢《あつれき》も出てこざるをえないところもあります。特に「歴史問題」ですね。

李明博守護霊　うん、そうだな。

綾織　先ほども、「慰安婦《いあんふ》問題」という話が出ましたが。

李明博守護霊　ああ、急所、急所だからね。それを言っときゃあ、おたくらが、

「核武装《かく》する」とか、「軍事力を増強する」とか言わないから、知ってて言ってるんじゃないか。

綾織　あ、そういう狙《ねら》いですか。

李明博守護霊　ああ、それだけ。もう急所だからさあ。そこだけ言っとけば、「軍事拡大路線」が出なくなるから、それで、みんな知ってて言ってるのよ。

それは、だって、あんた、十三歳《さい》の少女の慰安婦の像を、韓国の日本大使館前に建てるなんてさあ、「十三歳の少女」といったって、今は八十のばあさんだ。なあ？　その十三歳の像を、八十のばあさんの像に変えてごらん。ばかばかしくて、誰《だれ》も同情してくれなくなるからさあ。

だから、そんなの分かってるんだよ。そんなの分かってるんだけどさあ、それだけ言っときゃあ、日本を封《ふう》じ込《こ》めるのは簡単なんだよ。ライオンの調教と一緒《いっしょ》でさ、ライオンに鞭《むち》を当てて、ちょっと痛いのを味わわせておくと、今度は鞭を振《ふ》るうだけで、もう、ジッとおとなしくするからさあ。それで、ちょっと味をしめてるんだよ。

これと「教科書」だろ? 「従軍慰安婦」と「教科書」とを言っときゃあ、だいたいおとなしくなるんだよ。うん。

綾織　これが難しいのは、そのようにして、あまりにも〝封じ込め〟すぎると、やはり、「弱い日本」ができてしまいますので……。

李明博守護霊　いや、だから、「生かさず殺さず」ぐらいでやってるのよ。

綾織　ただ、北朝鮮《きたちょうせん》のことを考えると、日本も、ある程度、それなりに対応できるようにしておく必要があると思います。

李明博守護霊　そう、そのへんが難しいんだよ。日本を完全に駄目《だめ》にしてしまうと、何かのときに困るし、もし南北統一ができて、復興していくとなれば、やっぱり日本に助けてもらわないといかんから、そのときに〝おねだり〟できる余地は残しておかなきゃいけないんでね。

その意味で、罪悪感を持たすことによって、援助《えんじょ》を引きずり出すことも考えているわけで、うちには、それなりに戦略性があるのよ。そういう〝歴史認識〟を言い続ければ、日本は資金を出さざるをえないから、それを吸収する意味でも、言っとかないとね。忘れてはいけないことなんだよ。うん。

「間違《まちが》った憲法」を七十年も奉《ほう》じている日本は狂《くる》っている

綾織　「竹島問題」についても、やはり、戦略的に行《おこな》っている状態なのでしょうか。

李明博守護霊　ああ、竹島ね。まあこれも、今言った急所と一緒だよね。島一個で、財産的には大した問題ではないだろうけど、日本は、要するに、「国防」の認識と「主権国家」の認識のところが弱いからさ、これ一つで攻《せ》められる。はっきり言やあ、これ、弱点だよな。憲法や法律上、ここが問題だからね。

まあ、間違《まちが》った憲法をいつまで奉《ほう》じてるんだよ。こちらから言わせてもらえば、七十年もたってさあ、自分らで「国を守りません」っていうような憲法を守ってるっちゅうのは、はっきり言って、狂っとるよ。

君らが狂ってる間は、こちらにも言う権利があるよ。な？　狂ってなくなったら、言えないけどさあ、今は狂ってるんだから、しょうがないだろう。

綾織　近年では、ようやく国民世論《よろん》も変わってきて、改憲を求める人のほうが多くなっています。

李明博守護霊　いや、弱いから、そんなことはないよ。竹島ぐらい取られたって、どうせ、「何にも被害《ひがい》がないから」って言うんじゃない？　うん。そのぐらいのことだ。

綾織　竹島の問題だけではなく、尖閣《せんかく》諸島の問題もあります。

李明博守護霊　「人が十人死ぬんだったら、何もしないほうがいい」とか、そのぐらいのことじゃないか。

綾織　尖閣問題で、日本国民の意識もだいぶ変わってきましたから、今、ようやく目覚めつつあるところかと思います。

李明博守護霊　中国は本気だからさ。あの尖閣列島の下には地下資源が眠《ねむ》っているのを知ってるから、もう本気で〝獲物《えもの》〟を獲《と》りに来てるけど、日本のほうは、そんなに本気でもないのでな。だから、どうかなあ。ここは面白《おもしろ》いところだね。

黒川　はい。「このままでは危《あや》うい」と思っております。尖閣諸島、そして、そのまた次は沖縄《おきなわ》ですね。

李明博守護霊　向こうは次々と領有宣言していきゃいいんだろ？

黒川　まずは尖閣諸島から領有宣言しています。

李明博守護霊　やっぱり、先の日本軍が、中国の内陸部まで侵攻《しんこう》して荒《あ》らしまくり、南京《ナンキン》をはじめとして、いろんな悪さをいっぱいしたことから見れば、「日本は、一度、中国の支配下に入るべきだ」というような言論を出したって構わないわけだからさ。まあ、そういうことじゃろうなあ。うん。

黒川　そういう歴史認識に対しても、はっきりと反論していきたいと、われわれは思っております。

先の大戦では韓国民も「日本人」として戦った

黒川　韓国も、竹島に大型の埠頭《ふとう》を建設することを発表しましたが、その狙いは、やはり、「実効支配を強化していく」ということなのでしょうか。

李明博守護霊　いや、君らはね、遊ばれてるのよ。うん。ネコがネズミをいじってるようなものなんだよ。遊ばれてるのさ。

ばかな「マスコミ」と「教育」を受けた国民たちの弱みを、外国に握《にぎ》られてるんだよ。「外国に弱みを握られるような国家」っていうのは、よくない国家なんだけど、それが分からないんだよな。

それが分からないうちは、やりたい放題じゃないか。だから、君らも不幸だね。まあ、そういう意味では不幸だとは思うけどね。

黒川　日本では、教育とマスコミのところを、「左」が押《お》さえており、ここが問題です。

李明博守護霊　そうだね。

だってさ、先の大戦で、別に、日本と韓国が戦争したわけじゃないんだよ。だけど、今の日本の若者たちには、戦争でもしたかのように思っている人が、いっぱいいるんじゃないか。そんな感じに見えるなあ。「何か侵略でもしたんかいな」という感じでね。もう、ほんとに、日本史を勉強してないんだよ。

だから、「日本軍が攻めていって、韓国を占領《せんりょう》したんかなあ」と思ってる人は、いっぱいいるよ。うんうん。

違うんだよな。先の戦争のとき、韓国民は、「日本人」だったんだよ。だから、一緒になって戦ってたんだよな。

南方戦線なんかも、向こうから言やあ〝侵略〟だろうけど、それは、日韓《にっかん》合同で〝侵略〟してたんだよ。当時は、韓国人も「日本人」として戦ってたんだよ。同じ日本の軍人だったんでさ。だから、ほんと言やあ、侵略責任はこっちにもあるんだよ。ほんとはあるんだけどさ。そんなの分からないものなんだよな。

それと、あれだね。あんたらから言やあ「元寇《げんこう》」だけど、元寇のときには、元軍が全部来たわけではないんだよ。日本に全部送るのは大変だから、ほとんどの兵は朝鮮で徴用《ちょうよう》してさ。まあ、司令官は元《げん》だけど、実は、朝鮮人が船をいっぱいつくってね。軍艦《ぐんかん》をつくって日本に攻めてきて、日本人を殺しまくったのは、ほんとは朝鮮人だよ。だけど、日本人は「中国（元）がやった」と思うとるだろう？　なあ？

そういう誤解っていうのは、よくあるんだよ。うんうん。まあ、それはそれでいいのさ。うん。

中国にも韓国にも「日本より上だった」というプライドがある

綾織　歴史問題は、いろいろな面で、非常に「日韓のトゲ」になっているのですが、これを本当に克服《こくふく》しようとする場合には、「日本政府として、言うべきことをどんどん主張し、ディベートのようなスタイルを通して、落ち着くべきところに落ち着かせる」というかたちがいちばんよいのでしょうか。

今はほとんど、反論らしい反論もしない状態ではあると思いますが、両国にとってよいかたちというのは、どういうものなのでしょうか。

李明博守護霊　うーん、何だろうね。やっぱり、国民感情としては、日本に侮辱《ぶじょく》されたた感じがあるからね。侮辱というか、低く見られている感じがあるんだけど、プライド的には、「もともとは自分たちのほうが上だった」みたいな気持ちがあるからさあ。そのへんの問題があるね。

あんたがたは、みんな、昔の倭寇《わこう》の子孫《しそん》なんだろう？　倭寇っていったら、まあ、海賊《かいぞく》だよな。だから、今、朝鮮からも中国からも、「海賊の子孫」と言われてるわけよ。

「倭」っていう字は、あれだろう？　〝傴僂《せむし》〟みたいな、何かそういう意味じゃないか。そういう卑《いや》しい、ちっこい人間のことだろう。ちびっ子ギャングみたいな、そんな意味だろう。なあ？

あの有名な「卑弥呼《ひみこ》」だって、「卑しい」という言葉が使われてるけど、そんなはずないよな。たぶん、日本語で言えば、「姫《ひめ》」か何かだろう。どうせ、「姫」とか、そんな言葉だろうと思うよ。それを、卑しいっていう「卑」の字が使われて、やられてるだろう。

まあ、そういうふうに、中国も韓国も、「自分らのほうが上だ」と思って、日本人を卑しんでたんだ。卑しめたのは昔なんだよ。

ちょっと流れが変わってき始めたのが、秀吉《ひでよし》のあとあたりからだけど、過去、韓国のほうに出兵しても、あんまり成功はしてないわな。大昔も、秀吉の時代もね。それから、最近の併合《へいごう》だって、結局、それが失敗だったっていうことを思い知らせたくて、われわれは、いろいろとやっとるわけなんだよ、ほんとはね。

「従軍慰安婦《いあんふ》への補償《ほしょう》」もロジカルに言えば韓国政府の責任

李明博守護霊　だからまあ、「従軍慰安婦《いあんふ》」っちゅうことで責めてるけどさあ。もし、問題があるとしたら、「現金じゃなくて日本軍の軍票《ぐんぴょう》（軍が通貨に代えて発行する手形）みたいなもので支払《しはら》われたやつのなかに、日本軍が〝倒産《とうさん》〟してしまったために金を取り漏《も》らしたやつがいて、不満を持っている」というような経済的不満はあるかもしれないとは思う。ただ、こんなこと、俺《おれ》が言うのはおかしいけどさ、ロジカルに言やあ、そんなの、ほんとは韓国政府の責任だよ。

そらあ、韓国政府が補償《ほしょう》すりゃいいのよ。原爆落《げんばく》としたのはアメリカでもさあ、広島県民や長崎《ながさき》県民は、アメリカに補償を求められないから、日本の国に対して求めてるよな。原爆で亡《な》くなった方や、それからあとの被害、すなわち、原爆が落ちたために病気になって闘病《とうびょう》した方の、そういういろいろな被害の補償は、国に対して求めてるわな。

まあ、〝東京大虐殺《だいぎゃくさつ》〟の焼夷弾《しょういだん》で十万人が丸焼けになったって、日本人は、別に、アメリカに補償を求めてはいないんだよ。戦没者《せんぼつしゃ》への補償その他、いろんなものは、みな国に対して求める。これが普通《ふつう》の国のあり方だよ。主権国家であるなら、当然のことだ。

だから、日本人の、ある意味で「偉《えら》いところ」であり、ある意味で「ばかなところ」は、自分の国ばっかり責めてるところだね。これが、「偉いけどばか。ばかだけど偉い」ところで、本来の国家はそうあるべきだと思うよ。

はっきり言えば、「従軍慰安婦」も、みな、もう八十歳以上のばあさんだよ。八十過ぎて、九十近くなってね、もう腰《こし》は曲がって、しわくちゃで、姿を見たら、「もう勘弁《かんべん》してくれ」というようなばあさんばっかりが、年を取ってから訴《うった》えてるのは、実は「生活保護の代わり」なんだよ。本来は、生活保護が欲《ほ》しいんだけど、国がろくに出してくれないから、それでゴネて、「日本から金をせびれないか」と思ってやってる。それだけのことだっていうのは、こちらも分かってるのよ。

そのことは知ってるんだけど、ちょっと抗議《こうぎ》させると、日本が弱るから、それが面白いっていうか、効果的なので、やらしてるだけね。でも、もう大した数はいないんだけどね。

それを置いておくと、日本も何だか威張《いば》れないし、何か罪悪感を持ち続けてくれるので、非常に便利なんだよ。

6　対日感情における「本音」とは

豊かさに満足し、「ネガティブな目標」しか持てない日本人

綾織　ところで、今、韓国は、現代《ヒュンダイ》自動車やサムスンなどが世界で頑張《がんば》っていて、経済が好調ですが、これは、李明博大統領の自由化促進《そくしん》政策の効果であると思います。

かたや、日本のほうは、昨年、東日本大震災《しんさい》があったにもかかわらず、増税をかけようとしています。

李明博大統領は、おそらく、「日本は、なぜ、こんなに変な政策をとるのか」と思われているでしょうが、日本の民主党政権の経済政策については、どのようにお考えですか。また、アドバイスを頂けるようでしたら、お願いいたします。

李明博守護霊　うちからアドバイスができるかどうかは、ちょっと分からん。そらあ、日本は、先進国だからさ。なかなか大国としての難しさがおありになるんだろうから、ちょっと分からないけどね。

うちよりも難しいところはあるだろうと思うよ。国を治めるのは、思うようにはいかないからさあ。

日本から見りゃあ、「韓国を治める」なんていうのは、東京都知事が東京都を治めてるぐらいのもんだろう。きっとな。まあ、その程度のもんだろう。日本のほうが複雑で難しいのは、そのとおりだと思う。

ただ、何ちゅうか、目標がなくなってるところが大きいんじゃないかなあ。われわれには、「ここまで持ってくる」っていう目標がつくれたし、あったからね。

今、日本には、目標がなくなってるからさあ。というか、目標が、非常にネガティブなほうにいってるよな。

つまり、目標が、「借金を減らす」とか、「ギリシャみたいにはなるまいて」とか、そんな感じになってるだろう？　あるいは、「原発で、日本人全員が被曝《ひばく》して、国民が死に絶えたりしないようにしよう」とか、そういうネガティブな目標しか、君らは持ってないじゃないか。今な？　こんなことでは、そうは言っても、力が出ないだろうね。

日本人は、もう満足してるんだよ。というのも、日本人一人当たりは、すでにアメリカ人より豊かなんだ。日本人は、アメリカ人（一部富裕《ふゆう》層を除く）の二倍の収入がある。アメリカの上位層のほんの限られた人たちは、日本人よりはるかに豊かな暮らしをしてるけど、その人たちを除いた平均を取れば、日本人は、アメリカ人の倍の生活水準を保っている。

中国は、南部の香港《ホンコン》やら上海《シャンハイ》やらの一部の所だけが、アメリカレベルに行ってるけども、それでも、「日本の半分程度しか行ってない」っていうことだから、そういう意味では、日本は、すごく優《すぐ》れたところまで行ってるわけだ。

だから、ある意味では、目標がもうすでになくなっているわけで、震災でも起きてくれなきゃ、することがない状況《じょうきょう》なんだよ。震災が起きて、やっと、「それを片付ける」っていう国家目標ができたわけだし、「何年かかけて、それを復興させなきゃいけない」っていう内閣の仕事ができたわけだよ。震災がなかったら、することが何にもないよね。

「民主党のすること」っていうのは、もう、「仕事をしたら悪くなること」ばっかりじゃない？　やっと、生産的な仕事が回ってきたのよ。「震災の後片付けをして、町を復興する」っていうプラスの仕事が、やっと、今、回ってきたわけよ。そらあ、神様の思《おぼ》し召《め》しだろうねえ。うん。仕事が回ってきた。それまでは、もう、壊《こわ》すことしかなかったからさ。

ほんとは、もうちょっと理念を持って引っ張っていけばいいんだろうけど、そもそも、日本国民は強い指導者を求めてないいんだな。というのは、国民一人ひとりが、ある程度、満腹して、「まあ、こんなもんでいい」と思ってるから、もう、強い指導者とかは欲《ほ》しくないし、体制も大きく変えてほしくないし、「このまま外国から攻撃《こうげき》を受けなければ、平和に暮らしていける」とも思っている。
まあ、理想のユートピアが出来上がる寸前だったんだよな。たぶんね。

「理想の共産主義国家」は日本において実現した？

黒川　今、お話を伺《うかが》っていると、「李明博大統領は、『目標を立てて、そこに向かっていく』という、マネジメント的な発想をお持ちの方だな」と強く感じさせていただきました。
昨年、韓国は年間貿易額一兆ドルを達成されましたが、やはり、「国家にもマネジメント的な視点が必要である」とお考えでしょうか。

李明博守護霊　うーん……。いやあ、もう、この国（日本）は大きすぎて、マネジメントできないいんじゃない？

黒川　そうですねえ……。

李明博守護霊　実際、できないんじゃない？

黒川　現状では、誰《だれ》が首相になっても、マネジメント不能という状態になっています。

李明博守護霊　全然できないんじゃない？　「政治家主導」と言いつつも、政治家主導だと、何も分からなくなってるんじゃない？（笑）

黒川　はい、実際は官僚《かんりょう》主導になっています。

李明博守護霊　実は、もう、政治家がいなくたって動くようになってるんだよ。政治家主導と言っても、実は、政治家がいなくてもいい状況になりつつある状態だね。そういう意味では、成熟しすぎた国家だなあ。

だから、私らが韓国で非常にリーダーシップのある大統領に見える理由は、ほかに、ろくな人材がいないからでね。それは事実なんだよ。

日本は、信長《のぶなが》みたいな、ごっついのが出てきたりはしないんだけども、ある程度のレベルを保ってるような人材を大量につくることには成功したのさ。

まあ、そういう意味で、理想の共産主義国家ができたんじゃないか。よかったじゃないか。これ、トマス・モア（イギリスの思想家）のユートピアだよ。な？

黒川　しかし、今、緩《ゆる》やかな衰退《すいたい》に向かっているというのが現状ですので、困っているのです。

李明博守護霊　まあ、いいじゃない？　人口が減る分だけＧＤＰが減るだけのことだろう？　まあ、いいじゃないか。

黒川　いいえ。私たち幸福実現党は、「日本を、東アジアの、そして、世界のリーダー国家にしていこう」ということを訴《うった》えております。

李明博守護霊　そうなったら、次は、君らが、「チンギス・ハンみたいだ」って言われるんだよ。

黒川　いえいえ。私たちは、平和裡《へいわり》に、世界の平和と安定をつくり出していくつもりです。決して、帝国《ていこく》主義的なかたちではありません。

韓国の俳優《はいゆう》や歌手が日本で重宝《ちょうほう》されると「胸がスカッとする」

李明博守護霊　韓国としては、日本に経済的なものを学ぶことが多かったけど、今は、確かに、文化的な問題における摩擦《まさつ》があって、「日本文化を盗《ぬす》み見しつつ、入《い》れない」みたいな微妙《びみょう》な加減はあるな。

ただ、韓国の俳優《はいゆう》とか歌手とか、いろいろな文化が、日本で重宝《ちょうほう》されたりすると、胸がスカッとするようなところはあるから、ほんとは、対等な立場ではないのかもしらんけどなあ。

だから、俺《おれ》たちは、日本の歌手とか女優とかが、かっこよくないことを見せるために、背が高くて足の長い女性を、歌手とか女優とかで出してるんだよ。そして、「どうだ。日本人から見たら、（韓国人は）外人みたいだろう。欧米《おうべい》人みたいだろう。同じ黄色《おうしょく》人種でも、おまえらとは違うんだ」ってなところを見せて、スカッとしてるわけだ。

君たちは、足の短い女の子が好きなんだろう？　俺たちはそうじゃないんだよ。そこが違《ちが》うんだなあ。

黒川・綾織　（苦笑）

李明博守護霊　なんで笑うの？　なんで笑うんだよ。ほんとのことを言ってるだけなのに。

幸福実現党が韓国で有名になるために

綾織　日本には、幸福実現党という政党があり、「日本のＧＤＰを今の三倍にしていこう」という政策も掲《かか》げているのですが、この幸福実現党の存在については、何か、耳に挟《はさ》んでおられますか。

李明博守護霊　君ねえ……、まだ、なんか、ハエが飛んでるぐらいの感じだよ。それほどの存在感は感じていない。ただ、宗教としては、「いろいろ本を出したりして、なんか、流行《はや》ってる人がいる」っていうこと自体は、韓国でもだいぶ知られてはいる。

日本の権力構造って、外からは非常に分かりにくいんでね。だけど、韓国の人は、「日本で流行ってるものは何か」ってことを、わりあいよく知っているので、まあ、ちょっとは分かっている。ただ、全部はつかめていないけどね。

韓国人に、「幸福実現党なるものが、日本に存在することを知っているか」というアンケートをとって、いったい、何パーセントになるかっていうと……。まあ、厳しいかもしれませんね。

黒川　これから、活躍《かつやく》してまいります。

李明博大統領は、「経済成長路線」「小さな政府」「親米路線」「防衛強化」等の政策をとっておられると思いますが、これらは、幸福実現党の考え方とも非常に一致《いっち》しておりますので……。

李明博守護霊　いやあ、だからね？　韓国で有名になりたかったらさ、幸福実現党の政策として、「韓国に百兆円あげよう」とかいう運動でも挙げたらいいんだよ。そうしたら、とたんに韓国のメディアは全部バーッと一面で報道するよ。「南北統一のための資金が必要だろう。百兆円刷って、韓国にあげよう！」というのを出したら、ダアーッと、あっという間に、一日にして有名になる。な？　どうだい？　政調会長。たまにはそういうことをやらない？

黒川　南北統一の際には経済的支援《しえん》ができるように、まずは日本経済を発展させていきたいと思っております。

日本を「韓国の仮想モデル」にしていたことは事実

黒川　「李明博大統領は日本で生まれた」とのことですが、対日感情のほうは、どうなのでしょうか。発言をお聞きしておりますと、硬軟《こうなん》を織り交《ま》ぜている印象を受けるのですが、本音のところは、いかがでしょうか。

李明博守護霊　本音のところはねえ……。いちおう、やっぱり、仮想モデルというか、競争モデルとしては、日本をずっと意識してきたし、まあ、表向き、日本を尊敬するようなことを韓国で言うと、村八分《むらはちぶ》に遭《あ》うからね。それは言えないけど、いちおう、仮想モデルとして、「日本みたいな国にしよう」という目標を持っていたことは事実だね。だから、悔《くや》しいけど、そういう意味では、確かに、実力は認めざるをえない。

その悔しさのほとんどは、三十五年間、植民地にされたことへのものでしょ？

だからね、日本人が（一般参賀《いっぱん》で）皇居の前に行ってるように、日本人全員が韓国へ来て、青瓦台《せいがだい》（大統領官邸《かんてい》）の前で五体投地をして謝ってくれたら、すっきりするけど、そこまでやらんだろう？　例えば、毎年一万人ツアーが来て、みんな、グワーッとして（両手を掲《かか》げ、おじぎするしぐさをする）、皇居の前みたいな感じで韓国の旗でも振《ふ》って、謝ってくれりゃあ、スキッとする感じはあるけどさあ。日本は、なんか、やり逃《に》げじゃないか。ひき逃げみたいな感じじゃない？　たかがさあ、伊藤博文《いとうひろぶみ》一人殺したぐらいで国を取るのはやりすぎだよ、君ぃ。なあ？　人一人の命っていうのは、君ねえ、そんな大したもんじゃないよ。

綾織　日本で言えば、マッカーサーを殺したようなものですから、当時、併合《へいごう》されたことには、やむをえない面もあったかと思います。

李明博守護霊　いやあ、大したことないよ。うん。大したことない、大したことない。何回でも生まれ変われるんだからさ。それでいいんだよ。

綾織　（苦笑）

贖罪《しょくざい》したければ、南北統合の費用として百兆円出してほしい

綾織　韓国の人には、日本に対する感情において難しいところがあり、幸福の科学の教えを受け入れるに当たってもハードルの高さがあると思いますが、もし、韓国で伝道を進める上でのアドバイスがあれば、お願いできないでしょうか。

李明博守護霊　君ねえ、信者を十万人以上はつくらないと、政治的な力はないよ。今のレベルじゃ、まだまだ、全然駄目《だめ》だね。

「幸福の科学の思想には、日本の国の国粋《こくすい》主義的なものが、一部、入ってるんじゃないか」というあたりが警戒《けいかい》されてるんだろうからさあ。まあ、けっこう近くて

遠い国なんだよ。だから、韓国はわりあい最後になるんじゃないの？
私の感じとしては、中国のほうで先に流行《はや》っちゃうような気がする。
中国人は、今、嘘《うそ》つきだからさあ。嘘つきっていうか、二重構造だから、完璧《かんぺき》に仮面をかぶっていて、外向きの顔と本音とが正反対に分かれてる。それで、本音のほうは、完全に、日本みたいになりたがってるから、意外にあっちのほうで、幸福の科学は流行るんじゃねえか。うん。あっちで流行ったあと、韓国で流行るんじゃない？

綾織　私たちが韓国で伝道するに当たり、努力なり工夫《くふう》なりすべきポイントがありましたら、教えていただけると非常にありがたいと思います。

李明博守護霊　韓国人はさあ、日本の影響力《えいきょうりょく》が強くなると、歴史認識として、劣等《れっとう》感《かん》を感じるのよ。過去の痛みが、虫歯みたいにうずくわけよ。だから、そんな活発に活動してくれないほうがいいんだよ。そうすると、みんな、平和に暮らせるのよ。

今みたいに、「日本は迷走してる」とか、「弱ってる」とかいう情報ばかり流れてくると、みんな、何となく気分がいいのよ。分かる？　君たちの「鬱《うつ》」は、私たちの「躁《そう》」なんだよ。うん。だから、今、私たちは躁状態なんだよ。

だからさあ、伝道は、そんなに簡単じゃあないね。

それを贖罪《しょくざい》したかったら、「ここらで、けりをつけようか」ということで、百兆円ぐらい、ポンッと出しなさいよ。な？　政調会長！

黒川　（苦笑）

李明博守護霊　「これは南北統合の費用だ」と。「まだ統合できてないけども、いずれ要《い》る費用だろうから、もう、先に渡《わた》しとく」と。「百兆円ほど、ポンと渡すから、これで南北統合して、あとインフラをつくって、ちゃんと、みんなが平和に住めて、豊かになれるようにしなさい」と。このぐらいやらないと、やっぱり大国家《だいこっか》とは言えないな。

黒川　今、日本は、財政赤字で苦しんでいるので、まずは経済成長させて、余力を築いていきたいと思います。

李明博守護霊　大丈夫《だいじょうぶ》だよ。君たちの理論に拠《よ》ったら、いくら借金したって大丈夫なんだから。（注。冗談《じょうだん》を言っている。）

黒川　いえいえ。「デフレ対策として、通貨の供給量を増やす」といっても、度を超《こ》えると、ひどいインフレになってしまいますので……。

李明博守護霊　大丈夫、大丈夫。君たちの理論に拠れば、いくらやったって潰《つぶ》れないんだから。大丈夫だよ。

黒川　（苦笑）

綾織　中国の民主化まで視野に入れれば、東アジアは、将来的には一つの経済圏《けん》になっていくでしょうから、一つの投資として、そのくらいのお金は出してもよいかと思います。

李明博守護霊　おお！　君ぃ、気前がいいじゃないか。

綾織　いえいえ。私は、政党の役員ではなく、責任ある立場ではありませんので……。

李明博守護霊　ん？　責任がないから？

綾織　あくまでも、言論として、自分の考えを申し上げただけです。

李明博守護霊　うーん。

7 李明博大統領の宗教観と韓国の霊界《れいかい》事情

キリスト教のなかの「資本主義の精神」を強く信仰《しんこう》している

黒川　ところで、李大統領は、熱心なクリスチャンだとお伺《うかが》いしましたが。

李明博守護霊　うんうん。

黒川　宗教に対しては、どのような見方をされているのでしょうか。宗教観について教えていただければと思います。

李明博守護霊　宗教観ね？　ちょっと、キリスト教のほうを言いすぎて、仏教とか、ほかのところと摩擦《まさつ》があったりするんだけど……。

いやあ、やっぱり、でも、偉いじゃない？　クリスチャンならクリスチャンと名乗るだけでも偉《えら》いじゃないか。なあ？　日本人の指導者みたいに、宗教のところを隠《かく》してやってるよりは、堂々としてて、すっきりしてて、いいじゃないか。

日本の政治家は、いろいろな宗教から票を取ろうとしてるから、そういうふうに言いたがらないし、幸福の科学の三帰信者《さんきしんじゃ》（「仏《ぶっ》・法《ぽう》・僧《そう》」の三宝《さんぽう》に帰依《きえ》することを誓《ちか》った者）だって、「信者じゃないか」と言われたら、「いや、違《ちが》います」と言って、どうせ表向きは否定するんだろ？　日本では、こういうことがまかり通ってるから、そんなのに比べりゃ、堂々たるもんだな。

韓国は、キリスト教がわりに広がってるんだよ。なんでだろうかねえ。やっぱり、うーん……、まあ、贖罪《しょくざい》とか救済とかの思想あたりが、なんか、いい感じなんじゃないかねえ。

キリスト教からは、（共産主義と資本主義）どちらの思想も引き出せるんだけどさ。

例えば、「金持ちが天国に入るのは、ラクダが針の穴を通るより難しい」とか、そういう教えからいくと、清貧《せいひん》の思想や共産主義的な思想を引っ張り出せる。

もう一つは、「金持ちの主人が、旅に出る前に僕《しもべ》たちにお金を預け、『一タラントを預かった者は、土を掘《ほ》って埋《う》めて、一タラントのままで置いておいた』とか、『別の者は、それを運用して儲《もう》けた』とか、いろいろな例があったが、やっぱり、利殖《りしょく》して大きくした者がほめられた」というような話が、『聖書』（マタイ福音書《ふくいんしょ》）には載《の》ってるけども、これは、一種の資本主義の肯定《こうてい》だよな。

『聖書』のなかには、そういう部分があるから、資本主義も、『聖書』のなかから引き出すことはできるんだな。

旅に出る主人から金を預かったならば、主人が黙《だま》ってても、それを増やし、帰ってきたときには、「こうやって運用して増やしておきました」って言う人は、やっぱり、ほめられる。「穴を掘って埋め、ただただ隠しておきました」っていうあたりでは、やっぱり、いまひとつだし、なくしたら、もっと悪いからな。

要するに、私は、『聖書』のなかから、資本主義を認めている方向を紡《つむ》ぎ出し、その資本主義の精神のところに、自分の信仰《しんこう》を強く持っていってるんだよ。だから、『聖書』というか、キリスト教っていうのは、基本的に、資本主義の精神と合うもんだと考えてるわけだ。

ただ、クリスチャン全体はね、世界的に見りゃあ、どちらかと言うと、本質的な信仰が深くなればなるほど、「貧しいほうがいい」みたいなことを言う傾向《けいこう》が強いけどね。

その意味では、アメリカだって異端《いたん》だよな。キリスト教から、「祈《いの》れば、すなわち、望みが叶《かな》う」みたいな方向の、ええとこだけ取って、流行《はや》ったわな。だから、「いいとこ取り」っていうのは、私だけでなくて、みんな、できるもんだろうけどね。まあ、このように、資本主義の精神に合うところだけ、うまいこと、私のほうは信仰している。

日本と韓国は、神様同士もよく戦っている

綾織　韓国の霊界《れいかい》事情について伺いたいと思います。

李明博守護霊　霊界事情……。

綾織　先ほど、「日本の鬱《うつ》は韓国の躁《そう》」ということで、「日本と韓国は裏表《うらおもて》の関係にある」というようなお話がありましたが、霊界においても、やはり、複雑で難しい関係にあると考えたほうがよいのでしょうか。歴史的な経緯《けいい》もいろいろあるとは思うのですが。

李明博守護霊　日韓《にっかん》は……、いやいや、韓日《かんにち》だ。韓日は、古来から、神様同士も、よく喧嘩《けんか》してるというか、戦ってる国だからさ。だいたい戦ってるのでね。

ただ、韓国が上で、日本に博士《はかせ》を送って指導してたときは、関係がよかったんだよ。それは、いい感じで、韓国を上に見てくれたときは、よかったんだけど、こちら（日本）のほうが力を付けてきたあたりから、関係が難しくなってきたんだよな。俺《おれ》たちのいちばんの不思議議は、「このちっこい日本が、なんで世界最大級の繁栄《はんえい》をつくれるのか」っていうところだ。やっぱり、これが不思議でしかたないなあ。明治以降の繁栄もすごかったし、第二次大戦で廃墟《はいきょ》になったあとからの立ち直りも、ちょっとすごかったよな。廃墟から世界第二位になるのに、二十年ぐらいしか、かかっていないだろう？　たぶん、そうだ。

さっき、伊藤博文《いとうひろぶみ》の話も出たけどさあ。「マッカーサーがどうのこうの」って、あんた言いよったけどさあ。確かに、あのころ、中国の孫文《そんぶん》さんも「日本が本気になりゃ、十日《とおか》で中国を占領《せんりょう》できる」と言ってたので、そういう時期に、日本のトップだった人を殺せば、何らかの反作用があることは当然だろうとは思う。

だけど、この国の発展力？　成長力？　「これは、いったい、何なんだ！」っていうところが、やっぱり、不思議だな。「これは神様の違いだ」と思うと、韓国の神様はクシャッとなってしまうから、そうは思いたくない。

私としては、「教育力の違いだったんだ」と思っている。つまり、「韓国の教育熱を上げることで、日本を追い越《こ》せるんだ」ということを基本信条にして、韓国の教育熱を高めてるわけ。だから、塾《じゅく》に一生懸命《いっしょうけんめい》行ってるのは、日本人と韓国人ばっかりだよな。まあ、ほとんど、そうなんだけどね。

要するに、私は、「教育で行く」というところに、日本の本質を見ているので、「教育をしっかりやれば、日本を超《こ》すような力も持てるんじゃないかなあ」と思ってます。

過去世《かこぜ》は「日本の水軍を撃退《げきたい》した将軍」？

綾織　今、神様のお話があったわけですけれども、李大統領ご自身は、韓国の神様的な存在なのでしょうか。あるいは、今世《こんぜ》、日本にも深いご縁《えん》があるわけですが、日本の霊界にも〝片足〟が入っているのでしょうか。どういうご存在なのか、教えていただけますか。

李明博守護霊　うーん……、難問だな。うん。これは難問だよな。答え方を気をつけないと、政治生命を失う問題だな。

そうだねえ、韓国人から見て、いちばん、かっこいい感じの現れ方にしないといけないわなあ。

黒川　本当のところをお願いします（笑）。

李明博守護霊　うーん。なんかねえ……。そうだね。いちばん、かっこいいあたりので考えてみると、やっぱり、朝鮮《ちょうせん》戦争みたいな感じで攻《せ》めてこられたときに、それを撃退《げきたい》した将軍というふうに思ってもらうと、何となく、韓国での人気はいちばん得られるような感じはするな。

綾織　それは、古代の日本が攻めていったときの話ですか。

李明博守護霊　まあ、古代ではなくて、中世も……。中世も古代も両方かな？　日本が攻めてきたときに、その水軍をこてんぱんにやっつけた将軍みたいに思ってくれると、韓国での人気は急上昇《じょうしょう》するかな？　ま、嘘《うそ》ではない。まんざら嘘ではない。ただ、日本の側《がわ》で戦ったわけではない。

黒川　日本とはご縁がないのでしょうか。

李明博守護霊　古代には、日本の植民地があったからさ。任那《みまな》日本府があったから、そのときに、ちょっと交流があったことはあるけどね。そういうときもあったけどね。うん。まあ、あったことはあったけども……。

いやあ、今、韓国人でねえ、「日本人として生まれたことがある」っていう過去《かこ》世《ぜ》が出てきたら、大統領選とか、そんなのは戦えないんだよ。君ぃ、分かる？

黒川　はい。

李明博守護霊　分かってくれる？　歴史認識に、問題が出てくるんだよ。

黒川　はい、分かりました。

8　李明博守護霊から日本国民へのメッセージ

黒川　今、北朝鮮《きたちょうせん》と中国によって東アジアの平和が脅《おびや》かされつつあり、日本と韓国は、アメリカも含《ふく》めて連携《れんけい》をより強化していかなければならないと思います。最後に、こうした観点から、日本国民に対して、何かメッセージを頂ければ幸《さいわ》いです。

李明博守護霊　ハングルは難しいのかなあ。まあ、でも、今、韓国は、英語で日本人を見返してやろうとして、私の代で頑張《がんば》って英語熱をすごく上げてるのでね。だから、国際企業《きぎょう》の競争でも、今、勝ちつつあるところだな。

日本の国民のみなさんも、もうちょっと、英語をしっかりやっておかないといけないね。「韓国にばかにされている」っていうことを、あんまり認識なさってないんじゃないかなあ。中国も同じ状況《じょうきょう》だと思うけど、まあ、英語を、韓国ぐらいやられたほうがいいですかね。

「ハングルを勉強しても、ほかの国で使えないから」ということで、あまり本気でやってくれないし、「観光といったって、韓国料理を食べにいく以外に、方法はあまりない」というので、まあ、ばかにしていらっしゃるんだろうと思うけどね。

でも、南北朝鮮が統合したときには、経済チャンスは、また、大きく出てくるからさ。やっぱり、そういう土木関係、建設業関係の人たちは、ハングルの勉強もしといたほうがいいんじゃないかなあ。そう思うな。

私は、「語学熱で韓国人に自信をつけさせよう」として、だいぶ、やらせていますす。ハングルは孤立《こりつ》した言語なんでね。日本語もそうだろうけども、ハングルは、孤立して、ほかで通じない言語だし、歴史的にも、昔から韓国の作品がハングルで書かれてるわけではないから、このへんが苦しいところだね。ほとんど、中国語を使ってた。漢文だな。漢語を使ってたんでな。

そういう意味で、国としての独立性のいちばんの根っこのところっていうか、国民のいちばん自信がない根っこのところは、「自分たちの言葉で、自分たちの歴史を全部語れない」というところにあって、ここが、ほんとは、いちばん悔《くや》しいんだ。

だから、やはり、われわれも、モデルとしては、「明治維新《いしん》以降の日本のように開化して、外国の言葉を入れ、外国のものを吸収して、逆に強くなる」という路線を考えてはいる。中国や韓国は、日本の明治維新をいちおう意識していると思うね。

とにかく、今は、「韓国企業が、アジアやその他の国で、日本企業と競争して勝つ」っていうことに、ゲームのような、ものすごい喜びを味わっているので、そのへんは、覚悟《かくご》なされたらよいんじゃないかな。

黒川　日本と韓国が切磋琢磨《せっさたくま》して共存共栄していければと思います。

李明博守護霊　あと、「韓国ほど美人をつくれないのは、かわいそうな国だな」と思っているからさ。韓国は欧米《おうべい》型を目指してるけど、日本も、もうちょっと、欧米型の美人を大事にしなきゃいけないんじゃないかねえ。紅白（歌合戦）なんか、そのうち韓国に〝占領《せんりょう》〟されるぞ。日本人は、ちゃっちい、子供みたいなのばかり出てきて、飛んだり跳《は》ねたりしてるけど、韓国人は、大人が出てきて歌ってるわな。それ、負けちゃうぞ。

黒川　日本には、韓国文化を受け入れる土壌《どじょう》ができていますので、韓国のほうでも、日本文化を受け入れていただき、交流がより進めばと思っています。

李明博守護霊　だから、まあ、従軍慰安《いあんふ》婦の代金として、百兆円、早く下さい。

黒川　（苦笑）

それでは、今日は、お忙《いそが》しいところ、ご指導を頂き、まことにありがとうございました。

大川隆法　（李明博守護霊に）はい、どうも、ありがとうございました。

9　日韓《にっかん》関係を「未来志向」に

李大統領には、頑張《がんば》って北朝鮮《きたちょうせん》問題まで片付けてほしい

大川隆法　韓国から見ると、日本というのは、けっこう難しい国のようですね。「なぜ、近隣《きんりん》に、これほど小さいのに強い国があるのか」というところが不思議なのでしょう。

今、日本は中国の脅威《きょうい》を訴《うった》えていますが、逆に、中国から見れば、「自分たちは、日本の二十倍以上の国土と十倍以上の人口を持ちながら、なぜ、日本と競争しなければならないのだ」というような感じなのでしょうね。

さらに、韓国からは、日本は悪魔《あくま》の国のように見えていて、第二次大戦で敗れたあと、「日本はそのまま衰退《すいたい》すべきだ」と思っていたでしょうが、戦後、日本は甦《よみがえ》

っていきました。こうしたところにも、悔しさを感じるのかもしれません。韓国の人たちの気持ちとしては、「日本が善か悪かは分からないけれども、手本にしなければいけない」といったところでしょうか。

確かに、そういう状況下で、「幸福の科学という強大な宗教が出てきて、日本国内のみならず、海外まで指導する」ということになれば、いたく彼らのナショナリズムを刺激《しげき》するでしょうね。このへんが、韓国での伝道が少し滞《とどこお》っている感じがする要因の一つかもしれません。

李明博大統領はクリスチャンですが、別にそれでもよいと思います。クリスチャンならば、当会の本を読んで「分からない」ということはありません。当会の教えは、クリスチャンにも十分に通用するのです。しかも、クリスチャンかつ資本主義者ということであれば、当会とは、考え方がそれなりに合うと思います。

私は、「韓国にしては、よい大統領が出た」と思うので、頑張《がんば》って、北朝鮮《きたちょうせん》問題までしっかり片付けてもらいたいと思っています。

韓国の国民性に、もう一段の「寛容《かんよう》さ」を

黒川　今回、「日本に対する韓国の国民感情は非常に複雑である」ということがよく分かりました。

大川隆法　そうですね。何とも言えないんですよね。

例えば、日本には、ペ・ヨンジュン氏の写真を飾《かざ》って、朝鮮人参《にんじん》だけを売っているようなお店もあります。確かに、売り物としては、それがいちばん強いのですが、「日本人から、そのように認識されている」ということに対しては、悔しさのようなものがあるわけです。この複雑な感情には、何とも言えないものがあります。

本当は、先の大戦で、日本の皇室が潰《つぶ》されていれば、韓国の人たちはスキッとしたのでしょう。逆に言えば、「アメリカが原子爆弾《ばくだん》を落としても、皇室は潰れない」という強さに、何とも言えない「不思議さ」と「怖《こわ》さ」を感じるのだろうと思います。

日本の皇室は百二十五代続いていますが、これに対して、何とも言えないのでしょうね。

また、韓国の人たちは、日本人に比べると、恨《うら》みの心が非常に強いようです。例えば、韓国では、大統領が替《か》わると、前大統領の一族一党を引っ捕《と》らえたり、彼らの財産を巻き上げたりしています。

日本で、こういうことが行われていたのは、戦国時代です。その意味では、何か、間違《まちが》ったものが残っているような印象を受けます。復讐《ふくしゅう》の念がとても強いのです。

あれは、昔の戦国時代の考え方です。あるいは、源氏《げんじ》によって平氏《へいし》が全滅《ぜんめつ》させられた源平《げんぺい》の時代まで遡《さかのぼ》らなければ、日本には、そういう事例がないかもしれません。

韓国については、国民性のなかに、もう一段の寛容《かんよう》さが要《い》るように思います。

黒川　キリスト教の「許しの教え」が入っていけばよいのでしょうが、なかなか……。

大川隆法　キリスト教（『新約聖書』）というよりは、『旧約聖書』のほうの「妬《ねた》みの神」が出ているような印象がなくもないですね。おそらく、韓国の場合は、神々のルーツのところにも問題があるのかと思います。

また、結果的に見れば、日本神道《しんとう》の神々のほうが、やはり、強いのだろうと思うのです。おそらく、そうでしょう。

このへんが複雑なところです。

しかし、いつまでも後ろ向きであってはなりません。日本は、今、停滞《ていたい》していて隙《すき》のある状態になっているので、その意味でも、未来志向になっていくことが大事ではないでしょうか。

黒川　幸福実現党も、未来志向の政策を打ち出してまいります。

本日は、ご指導、まことにありがとうございました。

あとがき

ああ、もっと日本にも、左翼教育や、左翼言論に負けないだけの強い政治家が欲しいものだ。世界に対して堂々たる言論を発信するマスコミも欲しいものだ。

今回の北のミサイル発射騒動が、ここ二年余りの沖縄米軍基地問題や、昨年からの震災後の反・原発運動と矛盾することに国民が気づかないよう願っているのだろう。

一貫して正しいことを主張し続けているのは、幸福実現党だけなのに、マスコミは「知らんぷりの自由」こそ、「報道の自由」だと信じているかのようで、国内問題ばかりをかきまぜている。

真理は強くなくてはならない。真実を主張する者は、勇気を持たねばならない。
この国は「正しい信仰心」で一度、除染《じょせん》されねばなるまい。

二〇一二年　三月二十七日

幸福実現党創立者兼党名誉総裁《こうふくじつげんとうそうりつしゃけんとうめいよそうさい》　大川隆法《おおかわりゅうほう》

『韓国 李明博大統領のスピリチュアル・メッセージ』関連書籍

『ロシア・プーチン新大統領と帝国の未来』（幸福実現党刊）
『北朝鮮――終わりの始まり――』（同右）
『世界皇帝をめざす男』（同右）
『温家宝守護霊が語る 大中華帝国の野望』（同右）
『国家社会主義とは何か』（幸福の科学出版刊）

韓国《かんこく》 李明博《イミョンバク》大統領《だいとうりょう》のスピリチュアル・メッセージ
――半島の統一と日韓の未来――

2012年4月10日　初版第1刷

著　者　大《おお》川《かわ》隆《りゅう》法《ほう》

発　行　幸福実現党
〒104-0061 東京都中央区銀座2丁目2番19号
TEL(03)3535-3777

発　売　幸福の科学出版株式会社
〒142-0041 東京都品川区戸越1丁目6番7号
TEL(03)6384-3777
http://www.irhpress.co.jp/

印刷・製本　株式会社 堀内印刷所

落丁・乱丁本はおとりかえいたします

ISBN978-4-86395-192-1 C0030
Photo: AP/アフロ

北朝鮮
―終わりの始まり―

霊的真実の衝撃

「公開霊言」で明らかになった北朝鮮の真実。金正日が自らの死亡前後の状態を、後継者・金正恩の守護霊が今後の野望を語る。

【幸福実現党刊】

第１章　死後まもない金正日に訊く
第２章　北朝鮮の後継者・金正恩の野望

1,300円

ロシア・プーチン
新大統領と帝国の未来

守護霊インタヴュー

中国が覇権主義を拡大させるなか、ロシアはどんな国家戦略をとるのか!? また、親日家プーチン氏の意外な過去世も明らかに。

【幸福実現党刊】

- 「ロシアの未来」と国際情勢の見通し
- 「ロシア経済の発展」は何が目的か
- 「宗教・民族問題」をどう考えるか
- 北方四島返還の条件　　ほか

1,300円

大川隆法 ベストセラーズ・日本の平和を守るために

平和への決断

国防なくして繁栄なし

軍備拡張を続ける中国。財政赤字に苦しみ、アジアから引いていくアメリカ。世界の潮流が変わる今、日本人が「決断」すべきこととは。
【幸福実現党刊】

1,500円

日本武尊の国防原論

緊迫するアジア有事に備えよ

アメリカの衰退、日本を狙う中国、北朝鮮の核——。緊迫するアジア情勢に対し、日本武尊が、日本を守り抜く「必勝戦略」を語る。
【幸福実現党刊】

1,400円

孫文のスピリチュアル・メッセージ

革命の父が語る中国民主化の理想

中国や台湾で「国父」として尊敬される孫文が、天上界から、中国の内部情報を分析するとともに、中国のあるべき姿について語る。

1,300円

※表示価格は本体価格(税別)です。

世界皇帝をめざす男

習近平の本心に迫る

中国の次期国家主席・習近平氏の守護霊が語る「大中華帝国」が目指す版図とは？ 恐るべき同氏の過去世とは？
【幸福実現党刊】

1,300円

温家宝守護霊が語る大中華帝国の野望

同時収録 金正恩守護霊インタヴュー

温家宝首相の守護霊が、日本侵略計画や対米戦略の本心を語る。さらに北朝鮮の新たな指導者・金正恩の心の内を明らかにする。
【幸福実現党刊】

1,500円

国家社会主義とは何か

公開霊言 ヒトラー・菅直人守護霊・胡錦濤守護霊・仙谷由人守護霊

民主党政権は、日米同盟を破棄し、日中同盟を目指す！？ 胡錦濤守護霊から、「大中華帝国」実現の野望も語られる。

1,500円

大川隆法ベストセラーズ・米大統領選の行方を探る

ネクスト・プレジデント

ニュート・ギングリッチへの
スピリチュアル・インタヴュー

米大統領選の候補者ギングリッチ氏の政策とアジア戦略が明らかに。守護霊インタヴューでしか知りえない衝撃の真実がここに。
【幸福実現党刊】

1,300円

ネクスト・プレジデントII

守護霊インタヴュー
ミット・ロムニー vs. リック・サントラム

アメリカは世界の警察ではなくなる!? ロムニー氏とサントラム氏の守護霊インタヴューから見えてくる、日本と世界の運命とは。
【幸福実現党刊】

1,500円

モルモン教霊査

アメリカ発新宗教の知られざる真実

モルモン教の本当の姿を探るため、教祖ジョセフ・スミスの霊にインタヴューを行う。そこから見えたアメリカの歴史的問題とは。

1,300円

モルモン教霊査II

二代目教祖ブリガム・ヤングの霊言

モルモン教徒・ロムニー氏が大統領になったら、キリスト教国としてのアメリカは終わる? 二代目教祖の霊が語る「真実」とは。

1,300円

※表示価格は本体価格（税別）です。